ŒUVRES

DE

SAINT-SIMON & D'ENFANTIN

PUBLIÉES PAR LES MEMBRES DU CONSEIL

INSTITUÉ PAR ENFANTIN

POUR L'EXÉCUTION DE SES DERNIÈRES VOLONTÉS

ET

PRÉCÉDÉES DE DEUX

NOTICES HISTORIQUES

DIXIÈME VOLUME

PARIS

E. DENTU, ÉDITEUR

LIBRAIRE DE LA SOCIÉTÉ DES GENS DE LETTRES

PALAIS-ROYAL, 17 ET 19, GALERIE D'ORLÉANS

1866

ŒUVRES

DE

SAINT-SIMON & D'ENFANTIN

X

Imprimerie L. TOINON et Cᵉ, à Saint-Germain

ŒUVRES

DE

SAINT-SIMON & D'ENFANTIN

PUBLIÉES PAR LES MEMBRES DU CONSEIL

INSTITUÉ PAR ENFANTIN

POUR L'EXÉCUTION DE SES DERNIÈRES VOLONTÉS

ET

PRÉCÉDÉES DE DEUX

NOTICES HISTORIQUES

DIXIÈME VOLUME

PARIS

E. DENTU, ÉDITEUR

LIBRAIRE DE LA SOCIÉTÉ DES GENS DE LETTRES

PALAIS-ROYAL, 17 ET 19, GALERIE D'ORLÉANS

1866

NOTICES HISTORIQUES

II

ENFANTIN

(SUITE)

XXX

(1834)

(Suite.

Le jour même de sa lettre à Barrault, le 24 juillet 1834, Enfantin avait écrit à Lambert :

« Voici les arrivages d'Occident qui vont se presser maintenant, nous avons de grandes mesures à prendre pour le débouché. Il sera bien que tu remettes encore sous les yeux d'Hattein-Bey la condition des *volontaires* afin que les Koulassa ne souffrent pas de retard. Je ne voudrais pas surtout qu'on pensât à faire d'autres conditions que celles qui nous ont été faites, car alors cela équivaudrait à une hiérarchie d'appointements, ce qui serait absurde. Ce ne sera pas à toi à *faire prévoir* cette difficulté, mais à la *prévenir*, ce qui est autre chose, n'est-ce pas, serpent ?

» Si tu as l'occasion de voir Kourchid-Bey, chez ou avec Soliman, ne manque pas mes compliments. Fais même ton possible, pour le voir, fut-ce même en visite avec Soliman. Je serais bien aise que tu lui fasses sentir, par Soliman, l'utilité des *volontaires* pour les deux écoles de Boulac et d'ici, et que tu reviennes avec Soliman sur la formation du bataillon du génie. J'y rêve beaucoup pour Hoart et Bruneau, plutôt Hoart, qui sait, peut-être *Lamoricière?* Je serais bien étonné que celui-ci ne vînt pas organiser le *génie* d'Égypte, lui qui a organisé les zouaves d'Alger. Nomme-le dans tes conversations avec Soliman, comme fondateur du *Nisam* algérien. Il doit parler arabe comme un Arabe.

» Sino dit que le jeune mécanicien qui est venu est tout saint-simonien, encore un de plus ; ils pleuvent.

» Prax, *ancien élève de l'École*, ce titre exige un mot spécial de toi dans ta lettre à Barrault. C'est à toi d'ailleurs à voir ce que tu as à dire, toi, *conseiller honoraire* de l'École polytechnique de Boulac!! Je vais jusqu'à t'autoriser très-largement à lui faire, en ton nom, l'invitation toute personnelle de venir *te* voir au barrage. Comme tu n'es pas fort pour prendre des libertés, tu ne trouveras pas mauvais que je te les donne.

» Si tu n'as pas écrit encore en France, fais-le. Quant à moi, je n'ai rien de particulier à y faire dire. Tu ferais bien d'adresser ta lettre à Vincent, pour la faire passer aux capitaines ou à Duguet et à Petit, car elle arrivera probablement à l'époque des préparatifs d'embarquement.

» Encore une fois, mille amitiés à notre brave pacha.

» Nous aurons grande fête pour l'ouverture des travaux de l'école, je voudrais que cela concordât avec le voyage de Soliman, il ferait *bien* la pose de la première pierre, quoique cela ne puisse pas aller tout à fait à Linant. Je travaillerai à arranger cela, et peut-être à l'y faire engager par Linant lui-même, si je peux. — P. ENFANTIN. »

Peu de jours après, le 11 août, Enfantin annonce à Lambert l'arrivée prochaine des capitaines Hoart et Bruneau ; puis il ajoute :

« J'ai lu à Linant tous les passages de ta lettre qui concernent ce bon gros général et Linant lui-même, mais je n'ai pu en causer autant que j'aurais voulu avec lui. Je le ferai. Il faut que Linant comprenne que l'élévation de sa position sera d'autant plus *certaine* que celles de Soliman et d'Hattein-Bey le seront (certaines). Or, ni l'un ni l'autre général évidemment n'est *officiellement* placé comme il convient à chacun d'eux. 1° Le Cyclope, Vulcain, l'industriel des fabriques n'a qu'une position très-secondaire en Égypte, il *est* par le fait le grand FABRICATEUR, comme Linant sera le grand INGÉNIEUR, et pourtant Linant a un conseil, un cachet, et envoie des Koulassa, tandis que le général est simplement membre du Méglisse. D'un autre côté il est général d'artillerie, et l'école de Thoura n'est pas dans ses attributions, enfin il fonde l'École polytechnique et c'est Soliman qui embrasse cette école dans le grand réseau de son firman. Quant à ce dernier fait, les lenteurs de l'école de Boulac, celles relatives à l'école d'ici me font toujours penser qu'il y aura sinon une fusion des deux projets en un, au moins une communion mieux sentie et plus naturelle, mais ce n'est pas encore le moment. Il faut qu'on soit un peu plus avancé et *par conséquent* plus embarrassé pour le personnel de maîtres et d'élèves. — Le point par lequel ces trois individualités vont se toucher le plus fort, et qui pour cela est le plus propre à dessiner leurs positions respectives, c'est l'organisation des régiments, d'abord parce que Soliman *a fait* le Nizam, ensuite parce que Hattein-Bey *n'a pas fait*, comme M. Cerisy, des régiments de travailleurs pour les arsenaux et fabriques. Entre eux deux Linant VA FAIRE *son Nizam de travailleurs;* c'est autour de cette formule que doit rouler l'instruction morale de tous les trois.

» De tous les trois, celui qui a le plus de verve d'*inspiration*, c'est Soliman, aussi *a-t-il déjà fait;* celui qui a le plus de force d'*organisation* assimilatrice, imitatrice (qualité de peintre) c'est Linant, il fait *après* LE POÈTE, mais celui qui bâtit, nourrit et fonde, le plus massif des trois, c'est Hattein-Bey, il va lentement, mais solidement; c'est lui qui a vraiment fait ici les fours, l'hôpital et les casernes, car il a écrit : *avant toutes choses*, le bien-être des travailleurs.

» En somme, il est bien évident que voilà les trois hommes sur qui roule en ce moment la prospérité future de l'Égypte. Mais peut-être aucun des trois n'a-t-il suffisamment conscience de la puissance de ce triumvirat; aucun d'eux je crois même ne parviendra à s'en rendre *raison*, mais tous doivent finir par en avoir au moins le *sentiment vague* qui doit reposer uniquement d'abord sur ce simple fait que nous sommes, moi et toi, *près* de tous les trois, mais qui doit être corroboré par la distillation continuelle de nos causeries avec tous les trois.

» Le voyage actuel de Linant est de la plus haute importance. Sois donc plus habile que jamais.

» Adieu. — P. ENFANTIN. »

Le 17 août, nouvelle lettre d'Enfantin à Soliman-Pacha :

» Mon cher général, dit-il, en relisant plus attentivement votre projet d'ordonnance, il m'a semblé que j'avais plus qu'une lettre à faire pour vous dire ma pensée, et que je devais de suite aller vous voir, mais je ne le puis. Je renvoie donc à dimanche une conversation sur ce grave sujet, me bornant aujourd'hui à quelques observations de formes et à quelques principes généraux dont nous chercherons ensemble plus tard l'application.

» Quant à la forme, je crois qu'il faut prendre notre forme européenne qui, en pareil cas, me paraît très-bonne ; chaque ordonnance est précédée de ces mots : « Sur le *rapport* de notre ministre » d'État au département de..... et ouï notre conseil » d'État, nous avons ordonné, etc. »

» Les *motifs* se trouvent alors enfermés dans le

rapport et l'*ordonnance* devient purement *organisatrice*.

» Les conseils très-nombreux, vous le savez, sont un très-grand obstacle pour *agir*, le meilleur modèle à suivre, parmi tous ceux qui existent en Égypte, me paraît être, au moins quant au *nombre*, le *conseil de santé*.

» Les susceptibilités d'amour-propre que vous rencontrez dans la plupart des hommes qui influent ici sur l'instruction de la jeunesse ne sont sans doute pas à négliger, mais elles ont influé je crois d'une manière exagérée sur la classification des divisions du conseil qui me paraissent en plusieurs parties très-fautives. Vous retrouverez d'ailleurs ces susceptibilités dans le conseil même, et vous en aurez moins facilement raison si dès le commencement vous transigez trop avec elles.

» Le conseil d'instruction publique doit être indépendant du ministère de la guerre; c'est un vrai ministère en France; cela ne se pourra peut-être ici que par la suite, cependant je crois que cette idée ne saurait être dès aujourd'hui très-éloignée du génie de Méhémet-Ali : les écoles d'Abouzabel, celle de Karraglin, celle des effendis du Caire (dont votre projet ne parle pas), l'école polytechnique, celle du génie civil, enfin toute l'instruction primaire que l'on donnera sans doute bientôt aux provinces, si même il n'en existe pas déjà à Alexandrie, Damiette et Rosette, tendent à prendre une importance égale (il faut l'espérer) à celle des écoles *militaires* proprement dites.

» Cette division de toutes les écoles en civiles et militaires ne me paraît pas suffisamment représentée dans le conseil général de l'instruction *publique*.

» La partie relative à l'administration générale de toutes les écoles me paraît aussi trop négligée, je crois qu'il serait nécessaire d'entourer l'autorité *administrative* des écoles d'une *considération* analogue à celle que le pacha a eu la sagesse de donner à l'*administration* des barrages en y plaçant Mahmoud-Bey, et que vous devez jeter les yeux sur un homme du pays (Mahmoud-Effendi ou autre), dont le rang donne du poids à l'administration des écoles. Si c'est un simple chef de bureau du ministre de la guerre qui est chargé de cette partie, cela me paraît éminemment dangereux pour les améliorations futures que vous voudrez faire dans l'enseignement.

» Vous comme président, ensuite un vice-président chargé de la partie *administrative*, enfin quatre membres, deux représentants les écoles *mili-*

taires, et deux des écoles *civiles* (et je comprends ici l'école polytechnique qui aurait le double caractère) voilà ce me semble la composition du conseil, si même il n'est déjà pas trop nombreux ainsi ; car je le croirais meilleur encore s'il ne se composait que de quatre personnes avec vous, et meilleur encore s'il n'y en avait que deux.

» Dans tous les cas la spécialisation des divisions, telle que vous l'avez indiquée, me paraît de nature à blesser, sans aucun avantage, les susceptibilités ombrageuses dont j'ai déjà parlé ; c'est une affaire d'intérieur du conseil qui n'a pas besoin d'être formulée à l'avance ; d'ailleurs c'est surtout un caractère d'*unité* qu'il faut donner actuellement à ce conseil, sans cela, ces divisions arrêtées à l'avance formeraient cinq petits ministères au lieu d'*un conseil*:

» Ainsi, ce que j'ai dit moi-même tout à l'heure sur les quatre membres représentant les uns *les écoles militaires*, les autres *les écoles civiles*, n'était que pour vous faire comprendre ma pensée sur la composition du personnel; mais l'*administrateur* seul, vice-président, me paraît devoir être spécialement désigné par sa fonction.

» Je sais, mon cher général, que je raisonne ici à mon aise, avec mon papier et ma plume, et que je fais abstraction des personnes telles qu'elles existent aujourd'hui, avec leurs petites passions égoïstes, leurs prétentions, leurs caractères, etc. Mais peut-être aussi, de votre côté, avez-vous été un peu trop gêné, par le contact des susdites personnes, et cette gêne vous a je crois inspiré diverses transactions avec les amours-propres pointilleux, transactions dont vous auriez plus tard beaucoup à souffrir.

» Je crois qu'aucun directeur d'école ne doit être membre du conseil ; tous pourront y être mandés et entendus pour éclairer le conseil quand on le jugera convenable, mais aucun ne doit *délibérer*, non-seulement parce que les délibérations nombreuses sont absurdes quand on veut marcher, mais aussi parce qu'il n'est pas bien que le directeur d'une école intervienne dans une *décision* relative à une autre école, et enfin parce que dans ce pays-ci, lorsqu'on réunit en conseil des individus de grades très-différents, il n'y a pas la moindre indépendance dans les grades inférieurs.

» Je vous le répète, le conseil de santé composé d'un médecin, d'un chirurgien et d'un pharmacien, me paraît un excellent modèle.— Ici vous avez besoin, à la place du pharmacien, d'un *administrateur*, à la place du chirurgien, d'un inspecteur général des écoles *militaires*, à la place du médecin, d'un inspecteur général des écoles *civiles*. Voilà selon moi la vraie composition d'un conseil de l'instruction publique.

» Maintenant, si vous voulez que j'ajoute à cela un rêve, le voici : — Vous avez posé le jour même où vous me remettiez votre projet, une première pierre d'*école*, avec Mahmoud-Bey, Mouktar-Bey et Hattein-Bey ; ne sont-ce pas le pharmacien, le chirurgien et le médecin en question ?

» Mais pour vous expliquer ce rêve, j'aurais besoin de causer avec vous et non de vous écrire.

» J'ajoute seulement que je songe surtout que cette œuvre pour vous est *temporaire ;* qu'il s'agit pour vous de provoquer et d'installer une grande chose pour l'Égypte, sans pour cela vous y confiner pour votre vie ; que les petites susceptibilités actuelles de plusieurs des personnes qui dirigent ici la jeunesse tomberont, ou se changeront en d'autres suceptibilités, et ne doivent par conséquent être comptées pour rien dans la formation d'une institution aussi importante.

» Je suis long, mon cher général, et cependant, j'aurais beaucoup de choses à ajouter sur ce grave sujet, ou plutôt j'aurais besoin de le reprendre d'un peu plus haut avec vous. Il y a tant de choses, en ce moment, qui se préparent pour l'Égypte et pour le monde tout entier ! à dimanche, à dimanche. — P. ENFANTIN. »

Le même jour Enfantin écrit à Barrault :

« Nous avons eu aujourd'hui, cher fils, la visite de trois dames que tu verras sans doute au Caire, et de David et de Machereau; celui-ci ira voir Soliman-Pacha et reviendra ici nous voir pour que nous puissions arrêter quelque chose sur lui.

» Ton billet ne me dit rien des suites de la grande journée, je pense que tu t'en es bien trouvé de toutes manières, moi j'ai eu une nuit dure, mais la journée avait été si bonne, il fallait compensation.

» Tu sais que je t'ai demandé de garder encore un petit tronçon de ta plume brisée à Alexandrie ; je pense que tu y auras songé pour ce beau pendant de ta fête à Stamboul. L'inspiration de notre poëte Soliman a été belle et doit être fécondée comme elle est fécondante elle-même. La France avait son représentant à la grande Cène Napoléonnienne, il y était presqu'incognito et ce n'est pas à lui à *rendre compte*, c'est à nous. Il y était, le brave garçon, et ce n'est pas le fait le moins sensible pour moi, car je crois qu'il nous aime.

» Ta position de pur spectateur dans ce grand jour a dû te mettre dans la mémoire tous les actes, et les paroles principales; et ta première communion avec Soliman, suivie maintenant chaque jour, aura incarné et développé en toi, plus que je n'ai pu le faire moi-même, la vie que l'Égypte me donne.

» Depuis la visite du grand capitaine jusqu'à ce jour, la chaîne des destinées de l'Égypte a été reprise et pour les yeux les moins clairvoyants, elle s'est déroulée vers l'avenir. L'école des travailleurs, l'école du génie civil, du génie pacifique, a été fondée sous l'inspiration du grand nom de Napoléon, sous l'invocation de Marie, et en notre présence, par les hommes qui tiennent dans leurs mains toute la jeunesse et toute la force de l'Égypte.

» Que notre longue causerie de notre nuit du 12 te soit présente. Tu t'es assis auprès des fondements vivants de la politique orientale, tu as porté les toasts de vie dont l'humanité a soif, celui des femmes, le mien et celui des hommes qui doivent me donner la *force*, comme d'autres m'ont donné en Europe l'*intelligence*, que Dieu réservait à son Messie.

» Et pourtant que ton écrit sur la fête de Stamboul te soit présent à la pensée, car le monde ne nous permet pas encore de dire tout ce que nous voyons, et nous devons, pour ne pas épouvanter son oreille, mettre la sourdine sur notre lyre. C'est l'Égypte et son beau fleuve qu'il faut faire aimer, ce n'est pas moi, c'est son chef et les grands travaux qu'il faut faire admirer, ce n'est pas moi, ce sont les hommes qu'elle a déjà anoblis et illustrés en qui il faut mettre un grand espoir : pour nous, *attendons* encore, le jour viendra; — pour nous, que les cœurs qui nous aiment puissent nous découvrir facilement sous le voile ; que ceux qui nous cherchent et nous méconnaissent puissent soulever un peu ce voile ; c'est tout ce que nous voulons... — P. ENFANTIN. »

Enfantin donnait lui-même, deux jours après, des détails fort intéressants sur la Cène Napoléonienne, dans une lettre qu'il adressait à Mlle Saint-Hilaire et qui commençait ainsi :

« 18 et 19 août. — Barrage.

» Les beaux jours approchent donc, ma chère Aglaé, puisque le voile noir que Dieu avait mis sur votre tête se déchire ; et Alexis, chez qui l'espoir est, comme il le dit, de bon augure, m'envoie, en même temps que vous, une lettre pleine d'espérances. Tous deux vous avez jusqu'ici été frappés des obstacles que notre imperfection ne pouvait surmonter, et que nous devions soulever nous-mêmes contre nous; aujourd'hui vous pressentez le bonheur et la gloire ; vous m'avez fait du bien. — Déjà j'ai ressenti l'influence de ce nouveau souffle prophétique, et je n'ai pas eu d'effort à faire sur moi-même pour croire à sa continuité; car je n'ai jamais eu, comme vous et Petit, le pressentiment des choses douloureuses, et Dieu ne me l'a pas donné au moment où il versait l'espoir dans vos âmes. J'ai donc de bonnes choses à vous raconter.

» L'organisation de l'armée pacifique commence. Linant a demandé à être autorisé à former un corps de 12,000 travailleurs réguliers, enrégimentés, gradés, disciplinés, vêtus, nourris et logés comme les régiments de l'armée, commandés par des ingénieurs; renfermant les divers métiers relatifs aux constructions, composés d'hommes et d'enfants, ayant musique en tête, la pioche et la hache sur l'épaule, le compas et l'équerre au côté, les sous-officiers et officiers le *mètre* en main. La demande est bien accueillie, et il ne manque plus que quelques détails d'exécution.

» La manière dont les capitaines ont compris mon appel d'ingénieur, me fait croire qu'ils viendront seuls, et même que Duguet ne sera pas plus heureux qu'eux. Je vous ai déjà dit que je serais loin d'être abattu; je crois d'ailleurs que l'année prochaine nous aurons autant d'offres de service que nous avons rencontré de difficultés cette année; nos travaux mieux connus en France, ma position actuelle mieux appréciée, notre petite armée dont le renom aura franchi les mers, enfin une forme d'appel plus déterminante peut-être, plus *positive*, plus financière, lèveront les obstacles que nous avons rencontrés cette année.

» Et comment l'espoir ne serait-il pas en moi comme en vous, après la belle journée que nous venons de passer ici, pour fêter les grands souvenirs de Napoléon et de Marie. Écoutez.

» Dans la nuit du 14 au 15 août, à minuit précis, une jolie barque toute pavoisée et peinte de fraîches couleurs, aborde au barrage. J'étais prévenu de son arrivée, je l'attendais sur le bord du fleuve, avec Barrault et Prax. J'entends de loin Soliman qui demande : Quelle heure est-il? Lambert lui répond : Minuit. — Je vous l'avais bien dit, réplique Soliman, que nous arriverions à minuit juste, — et moi je crie du bord de la rive : bonsoir, bonsoir! et la barque me répond : bonjour Père! Soliman descend, et nous nous embrassons chaudement, je lui présente Barrault, et je donne la main à Lambert. — Savez-vous maintenant ce que ce maudit serpent m'amenait avec Soliman? Voulez-vous connaître tous ceux qu'il avait enveloppés dans ses replis laocooniens? les voici : Notre bon gros général Hattein-Bey; le jeune consul de France, M. de Lesseps, excellent jeune homme qui nous aime; le général Moukhtar-Bey, jeune Turc qui a passé plusieurs années en France, et qui est maintenant ici chef d'état-major de l'armée; un ingénieur arménien élevé en Angleterre, nommé Akekin, qui fut le plus rude adversaire de Linant dans les premiers travaux relatifs aux barrages, et qui s'opposait vivement à ce que Linant en fut chargé, mais que Lambert, depuis, a pacifié et presque converti, du moins l'a-t-il amené à défendre aujourd'hui celui qu'il combattait naguère. Le consul amenait avec lui un officier d'état-major français, nommé Beaufort-d'Hautpoul, chargé je crois, d'une mission dans ce pays ou qui désire y être employé, qui a connu Bigot et Lamoricière à Alger; enfin il y avait encore un médecin arménien, élevé aussi en France, membre du conseil de santé, médecin d'Edham-Bey et qui nous aime bien, mais qu'une jeunesse qui a dû être assez brillante et agitée, a brisé avant l'âge.

» Toute cette troupe venait fêter l'anniversaire de la naissance de Napoléon; et Soliman, avec toute sa verve et l'insinuante parole de Lambert qu'il aime, avait choisi le barrage, lieu marqué du doigt du grand homme comme centre des destinées futures de l'Égypte, et il avait choisi encore ma tente comme l'autel où sa vieille fidélité voulait porter son offrande, et moi comme le prêtre seul capable de bénir, au nom du grand homme.

» Les généraux, à la pointe du jour, allèrent visiter Mahmoud-Bey, parcourir avec lui les travaux, et l'engager à faire partie de la fête. Mahmoud-Bey accepta.

» A midi nous nous mîmes à table. Nous étions placés ainsi :

» — Mahmoud-Bey était sur mon divan. Les trois tables étaient sous la tente carrée qui est en avant de ma tente ronde.

» — Brun est le secrétaire de Soliman.

» — Debagi est le médecin arménien.

» — Mustapha-Effendi, directeur de l'école des ingénieurs.

» — Ahmet-Baroudi et Rechouan-Effendi, ingénieurs du barrage de l'est; les deux ingénieurs du barrage de l'ouest étaient absents, l'un malade.

» Supposez autour de cela dans cette tente, pour le service, une douzaine de Mamelucks de Mahmoud-Bey ou domestiques de Linant et Soliman, noirs, semi-noirs et blancs, et vous aurez une idée de la Cène. Nos trois tables étaient rondes, nous assis autour sur coussins et tapis et mangeant à la turque avec nos doigts.

» La provision de vin était belle, et j'avais fait

entourer ma tente de ses murailles, du côté où pouvaient nous voir les profanes (je veux dire les croyants qui ne boivent pas de vin), afin que nos Turcs ne soient pas gênés et puissent sabler le Champagne. Ces dix-neuf personnes ont bu seize bouteilles de Champagne, une quinzaine de Bourgogne, une dizaine de Provence, et autant à peu près de vin ordinaire ; vous voyez que les Turcs sont accommodants. — Un seul était ivre, mais tous étaient bien lestés. Voici les toasts qui ont été portés :

» Au milieu du dîner, par Soliman : à Napoléon.

» Au dessert, encore par Soliman, à Méhémet-Ali.

(Le sens des deux toasts était que Méhémet-Ali était l'*exécuteur testamentaire* de Napoléon, celui-ci ayant marqué l'Égypte de son doigt puissant, l'autre s'en étant emparé pour lui assurer les destinées que le doigt de Napoléon, en se fixant sur elle, lui avait préparées).

» Par Moukhtar-Bey, au généralissime Ibrahim-Pacha.

» Par plusieurs, à Mahmoud-Bey.

» Par Edham-Bey, au barrage du Nil, le plus grand travail industriel qui se fasse aujourd'hui sur toute la terre.

» Par plusieurs, à Edham-Bey.....

» —(Celui-ci, au toast de Méhémet-Ali, avait dit et répété : à Méhémet-Ali, le *grand faiseur*. Je le rappelai tout haut, en le désignant comme le bras de ce grand faiseur).

» Par Mahmoud-Bey, à Linant, ingénieur en chef des barrages.

» Par plusieurs, à Moukhtar-Bey, chef d'état-major d'Égypte. Moukhtar-Bey proposa alors de porter un toast aux blessés de la dernière campagne; mais j'avais déjà pris la parole pour rappeler à Soliman que dans son voyage de Syrie, il avait vu à Jérusalem le tombeau d'une femme, et près de ce tombeau des femmes chrétiennes et des femmes mahométanes priant ensemble; que ce tombeau était celui de Marie, et que les chrétiens célébraient en ce jour, 15 août, jour de naissance de Napoléon, l'Assomption de la Vierge; que la communion de ces deux grands noms d'homme et de femme devait nous faire un devoir de rappeler les femmes dans les vœux que nous formions, et que je proposais aux mahométans et aux chrétiens présents, qui tous saluaient avec vénération Marie, de boire *aux femmes*. Le toast fut bien appuyé; Moukhtar-Bey même, après avoir bu, prétendit qu'il s'était trompé et avait bu à ses blessés, et qu'il fallait boire encore une fois aux femmes, d'autant plus qu'il allait se marier dans cette semaine même; nous arrangeâmes la dificulté en buvant aux femmes et à ces pauvres blessés en même temps, certains qu'elles ne nous en voudraient pas de cette alliance.

» Alors Edham-Bey porta *ma* santé, en se servant nettement de la formule, *notre Père;* les esprits étaient bien disposés, et le toast fut chaud. Nous portâmes tous ensuite la santé de Linant, enfin Mahmoud-Bey fit la clôture en buvant à *nous tous.*

» Le consul de France, toujours incognito, ne donna lieu à aucun toast, j'en fus fâché pour lui personnellement, mais pourtant la chose fut naturelle, car la pensée ne vint à personne de faire intervenir la France dans sa représentation diplomatique actuelle.

» Après le dîner, lorsque toutes les mains et les barbes furent lavées et que chacun prit place pour fumer la pipe, Mahmoud-Bey prit un coin du divan, y appela Soliman-Pacha, et tous deux m'ouvrirent entre eux une place. Tous les autres convives étaient assis sur des coussins et les tapis.— J'avais prévenu Soliman avant le dîner, que je désirais profiter de cette grande solennité pour faire poser la première pierre de notre école du génie civil par les hommes qui tiennent dans leurs mains toute la *force* et toute la *jeunesse* de l'Égypte. Je remis cette idée en avant, en priant Moukhtar-Bey de la rendre en turc à Mahmoud-Bey, auquel je demandais d'être, pour cette cérémonie, le représentant du pacha. Moukhtar-Bey traduisit, et comme il ajoutait que, dans ces circonstances, les rois de France déposaient sous la pierre des monnaies et médailles de l'époque, afin de mieux perpétuer le souvenir; Mahmoud-Bey, qui n'avait pas parfaitement compris, s'empressa de dire, dans sa générosité toute orientale, qu'il avait 200 bourses (25 à 30,000 fr.) toutes prêtes pour cette fondation; je fis rectifier l'erreur, et lui dis qu'il s'agissait seulement d'obtenir pour l'école, par cette bénédiction donnée par lui et par les hommes qui l'entouraient, une protection constante qui garantisse son avenir. La chose acceptée, je me levai avec Linant pour faire terminer quelques préparatifs, et réunir autour de la pierre nos cinqaunte jeunes gens qui composent en ce moment l'école. Quand tout fut prêt, j'envoyai prévenir. — Linant resta près de la pierre avec le directeur de l'école et les élèves; et moi j'allai audevant de Mahmoud-Bey et de son cortége, accompagné seulement d'un jeune ingénieur qui surveillait la construction de l'école. A moitié chemin nous nous rencontrâmes, Mahmoud-Bey me présenta la main que je pris, et je l'amenai ainsi jusqu'à la pierre.

» Comme aux sacrifices païens, une victime était présente : un mouton devait être donné, non *pour boire*, mais pour manger aux maçons qui posaient la première pierre ; deux hommes le tenaient, et le sacrificateur, le couteau à la main, attendait que la pierre reposât sur son lit pour immoler la victime ; les élèves, rangés des deux côtés, et le cortége de Mahmoud-Bey, et les maçons, et ce sacrifice, et cet autel formaient un beau tableau.

» Mahmoud-Bey prit la truelle, étendit le mortier, Edham-Bey et Moukhtar-Bey y touchèrent également, et Soliman y imprima une grande N ; puis la pierre étant posée il grava sur sa face, avec la pointe de la truelle. N—M. A. (Napoléon, Méhémet-Ali) et au-dessous MB—IP (Mahmoud-Bey, Ibrahim-Pacha), enfin il mouilla son doigt dans le sang de la victime qui allait servir de nourriture aux maçons, et en marqua la pierre que leur travail avait préparée et posée.

» Alors Mahmoud-Bey dit quelques paroles aux jeunes gens et remit à leur directeur une bourse (130 fr. environ) pour qu'ils pussent aussi se réjouir de cette fête.

» Le reste de la journée fut de peu d'intérêt, là, elle était vraiment finie; les têtes étaient échauffées, et chacun cherchait le repos, même en fumant sa pipe et buvant le café, le thé, les liqueurs et même encore du Champagne. Edham-Bey s'éclipsa le premier, s'empara d'une petite barque de Linant et partit pour le Caire.

» A quatre heures, la cange de Soliman déploya la voile, tous partirent et Barrault avec eux. — Parmi les toasts j'ai oublié celui de *Soliman-Pacha*, fondateur du Nisam, porté par tous après celui à Mahmoud-Bey. — P. Enfantin. »

Le 20 août, Enfantin apprit l'arrivée d'Hoart et Bruneau à Alexandrie au moment où Linant se rendait dans cette ville. Il s'empressa de leur écrire, pour leur recommander d'importantes visites.

« Enfin, leur dit-il, si Linant le juge convenable, vous pourrez vous présenter à Méhémet-Ali lui-même.

» Mes nouvelles de France, ajouta-t-il, me font espérer que vous serez suivis, dans quelque temps, d'autres ingénieurs volontaires; je sais que cet espoir ressort de vos paroles à Alexandrie, et qu'on voit en vous des hommes qui, pressés d'arriver à l'œuvre, ont pris les *devants*.

» Linant vous parlera de l'organisation prochaine des régiments de travailleurs; vous serez joyeux de cette bonne nouvelle.

» Dans vos visites avec ou sans Linant, qu'on s'aperçoive toujours que vous sentez et savez très-bien que l'œuvre immense qui lui est confiée est bien dans ses mains et qu'il est vraiment l'homme capable de l'accomplir.

» Que mon nom soit peu prononcé par vous avec les chrétiens, ils savent assez ce que je suis pour vous. Prononcez le davantage devant les Turcs, ils savent encore ce que veulent dire les mots dévouement, obéissance, fidélité. Pour les chrétiens, c'est l'ŒUVRE *confiée* à LINANT, qui, par sa *grandeur*, vous attire; pour les Turcs, c'est la grande pensée de SON ALTESSE que JE vous appelle à venir réaliser sous les ordres de l'*homme* que S. A. a si habilement suivi pour en diriger l'exécution pour tous; vous êtes *volontaires* de l'industrie, vous portant sur le globe, là où l'humanité le travaille le plus puissamment.

» M. de Cerisy est l'homme qu'il est le plus important de convaincre des avantages scientifiques et industriels que le Pacha et l'Égypte doivent retirer de notre présence et de la puissance que nous avons d'attirer ici, pour toutes les branches de la science, de l'industrie et de l'art, des hommes mus par un autre sentiment que la cupidité ordinaire aux Européens qui viennent offrir leurs services à l'*étranger*. M. de Cerisy a été bien disposé par Lambert à comprendre tout ceci.

» Quant au consul, il est déjà habitué à voir en nous les *révolutionnaires les plus pacifiques* qui aient jamais existé ; en vous voyant, il ne pourra que raffermir sa conviction sous ce rapport ; mais il faut de plus qu'il sente que nos liens avec les travailleurs de France ne sont pas brisés, et que, lorsque nous aurons à leur offrir ici un sort *positif* pour une œuvre *glorieuse*, un grand nombre répondra à notre voix, et qu'alors enfin la politique et la diplomatie verront intervenir dans leurs conceptions un nouvel élément de prospérité et de *tranquillité* pour les peuples, dont il faut favoriser la venue. Lambert a également très-bien préparé le terrain. — P. ENFANTIN. »

La grande œuvre industrielle du barrage, quel que importance qu'Enfantin y attachât, n'absorbait pas néanmoins l'activité de son génie fécond et infatigable. Le PÈRE, salué de ce nom par les musulmans eux-mêmes, fesait toujours marcher de front, dans sa sollicitude religieuse, l'élévation morale et intellectuelle de la race humaine avec le progrès matériel. Le 26 août, il adressait à Soliman-Pacha, et sur la demande de ce général, le projet suivant, destiné au vice-roi :

Rapport à Son Altesse, sur la création d'un conseil et d'un comité de l'instruction publique.

« Altesse,

» Vous avez eu la haute pensée de rendre à l'Égypte la lumière qui, depuis plusieurs siècles, y était éteinte ; dans votre sage prévoyance, vous l'avez surtout dotée de vastes établissements d'instruction qui conduisent la jeunesse vers toutes les branches des services publics. Déjà les diverses parties de l'art militaire et de la marine ont des écoles spéciales ; la médecine, le génie civil, l'art vétérinaire ont aussi les leurs ; enfin des écoles élémentaires sont fondées, et pourront s'adapter successivement à l'éducation de tous vos sujets.

» Votre Altesse m'a ordonné d'inspecter ces écoles, d'organiser plus fortement quelques-unes d'entre elles; et de lui faire un rapport sur les moyens de donner à l'enseignement de son peuple une direction plus régulière.

» Déjà les écoles de cavalerie de Gizeh, d'infanterie de Khanka (maintenant à Damiette) de médecine et d'art vétérinaire à Abouzabel, marchent d'après des règlements nouveaux, ou du moins ont été modifiées dans plusieurs points, toutefois des perfectionnements que l'on peut aujourd'hui introduire ne remédieraient que momentanément à des vices qu'il faut se hâter de combattre ; ils seraient d'une faible importance et peu durables, tant qu'il n'existera pas une institution générale de l'*enseignement public d'Égypte* qui présiderait à la direction de toutes les écoles, et dont la seule distinction serait de donner à l'enseignement une marche plus ferme et plus unitaire.

» Ainsi toutes les écoles, n'ayant pas été créées en même temps, et n'ayant pas reçu, depuis leur création, de coordination générale, il en résulte que plusieurs ont un caractère mixte d'écoles *préparatoires* et d'écoles *spéciales*, telle était l'école de Kasr-el-Ain.

» Un inconvénient évident de ce double caractère, est la réunion dans un même lieu de jeunes gens d'âges très-différents.

» Un autre inconvénient beaucoup plus grave, et qui résulte du défaut de coordination entre les écoles, c'est que chacune d'elles, ignorant où elle doit s'alimenter, cherche à se faire complète, comme si aucune autre n'existait dans le pays ; et alors les professeurs et tout le personnel des employés, ainsi que le matériel, sont multipliés d'une manière exagérée et très-coûteuse.

» Enfin, cette absence de direction unitaire de l'enseignement public rend impossible d'harmoniser les demandes des écoles et le nombre et la spécialité des élèves qu'elles doivent fournir, avec les besoins du pays. En ce moment, les écoles dépendent bien toutes du ministère de la guerre, mais quelques-unes seulement sont représentées dans le conseil par leurs directeurs, et comme il n'existe pas, dans le ministère, de bureau distinct, où soient réunis les papiers et documents concernant exclusivement les écoles, leurs affaires sont mêlées avec celles du service actif ou général ; de là résulte une grande confusion.

» D'un autre côté, aucune prévoyance générale ne s'applique à perfectionner les méthodes d'enseignement et les matières enseignées ; aucune ne s'exerce sur les livres et procédés nouveaux à introduire, sur les règlements de police intérieure convenables à chaque école selon sa destination, et sur le corps entier du professorat.

» Enfin l'administration générale des écoles est entièrement à réorganiser ; jusqu'ici cette branche des services publics a été confiée à des employés subalternes qui n'ont ni les lumières, ni l'autorité nécessaires pour bien faire; tandis qu'il serait de la plus haute importance de mettre, à la tête de cette partie si intéressante de l'administration, un homme dont la haute position et les talents éprouvés dans des emplois élevés commanderaient le respect et l'obéissance.

» Altesse,

» Toutes les nations européennes ont reconnu la nécessité de donner à l'enseignement public cette direction unitaire dont je signale l'absence comme un obstacle invincible à la réalisation des vues généreuses de Votre Altesse pour l'instruction de ses peuples. Toutes les nations européennes ont un ministère ou du moins un conseil chargé de présider à l'éducation de la jennesse, et toutefois une pareille institution est pour ainsi dire moins indispensable en Europe qu'en Égypte, où l'*enseignement public* est une création toute nouvelle encore, qui exige, pour être solidement fondée, un ensemble et une persévérance de volontés qu'on chercherait en vain dans l'indépendance où se trouvent aujourd'hui les écoles.

» Outre les considérations que je viens de soumettre à Votre Altesse, il en est une qui serait la conséquence de cette nouvelle institution que je réclame pour l'instruction publique, et que je crois d'une haute importance pour la prospérité du pays et pour la gloire de son souverain.

» Déjà les nobles efforts de Votre Altesse, pour ramener en Égypte l'étude des sciences, ont eu des résultats heureux; non-seulement un assez grand nombre de sujets de Votre Altesse se sont initiés aux connaissances qui contribuent si puissamment à la force des empires, mais ce développement intellectuel a en outre attiré et attire sans cesse en Égypte une quantité assez considérable d'étrangers instruits qui n'y viennent pas seulement pour étudier les ruines des temps anciens, mais qui veulent connaître l'Égypte de Méhémet-Ali, et qui s'empressent de donner leur science en échange de l'honorable hospitalité qu'on leur accorde. Enfin, les relations toutes pacifiques que cette expansion de lumières à établies, entre l'Égypte et l'Europe, ont répandu dans le monde entier, la grandeur du nom de Votre Altesse, en même temps qu'y retentissaient ses armes victorieuses.

» Altesse,

» C'est en Égypte que Napoléon, mon premier maître, a fondé son *Institut de France*, et il le nomma *Institut d'Égypte.*

» Que ce souvenir soit un présage.

» Le moment est venu de réunir en un faisceau les rayons de lumière que Votre Altesse a déjà attirés sur son empire.

» J'ose donc soumettre à Votre Altesse un projet d'ordonnance qui crée le *Conseil d'instruction publique* et le *Comité consultatif des sciences et des arts*, premier germe de l'*Institut d'Égypte*.

» Nous, etc., etc.

» Considérant la nécessité de donner à nos écoles civiles et militaires une direction unitaire, et voulant entourer cette direction de toutes les lumières favorables à l'instruction, à la discipline et à la moralité des élèves.

» Sur le rapport de Soliman-Pacha, inspecteur-général de nos écoles militaires, nous avons ordonné et ordonnons ce qui suit.

Article premier. — Il sera formé un Conseil d'instruction publique et un comité consultatif des sciences et des arts.

Art. 2. — Le Conseil sera composé d'un président, d'un vice-président et de trois autres membres.

Art. 3. — Le vice-président sera spécialement chargé de toute la partie administrative des établissements d'instruction publique.

Art. 4. — Le Conseil d'instruction publique

s'occupera de la direction à donner à l'enseignement, à l'administration, et à la police des écoles. Il arrêtera les règlements spéciaux pour chaque école, ceux concernant les professeurs et employés, et ceux concernant les élèves.

Art. 5.— Les décisions du Conseil seront transmises au ministre de la guerre qui les soumettra, avec son opinion, à notre approbation.

Art. 6. — Il se réunira une fois par semaine et plus souvent si le président le juge nécessaire.

Art. 7. — Au Conseil sera attaché un secrétaire traducteur, connaissant les langues arabe, turque et française.

Art. 8. — Les décisions du Conseil ne seront valables que lorsque trois membres au moins seront présents.

Art. 9. — Auprès du Conseil il sera formé un comité consultatif de l'instruction publique, dont le président du conseil aura la présidence.

Art. 10. — Ce Comité sera composé :

1° Du président et des membres du Conseil.

2° Des directeurs de nos écoles civiles et militaires.

3° D'un nombre de personnes élues par les membres ci-dessus, et choisis parmi les hommes capables de faire faire des progrès importants aux sciences, aux arts et à l'industrie.

» Les résultats de cette élection seront soumis à mon approbation.

Art. 11. — Le nombre des membres ainsi élus sera toujours égal à celui des membres appartenant aux deux premières catégories.

Art. 12. — Le Comité ainsi composé nommera un nombre de membres correspondants qui n'excédera jamais celui de tous les autres membres.

Art. 13. — La mission spéciale du Comité sera d'éclairer par la discussion, par des mémoires et recherches, toutes les questions relatives à l'enseignement; ces questions lui seront posées par le Conseil : il sera chargé en outre des travaux de rédaction, de traduction, d'inspection et d'examens qu'exigeront les écoles, conformément à l'ordre qui en sera donné par le président.

Art. 14. — Le Comité se réunira tous les 1er et 15 de chaque mois.

Art. 15. — Il n'interviendra point dans l'administration et la direction générales des écoles, qui appartiennent exclusivement au Conseil, et pourtant c'est à ses lumières que le Conseil aura recours, chaque fois qu'une résolution lui paraîtra encore douteuse.

Art. 16. — Les fonctions de membre du Conseil du comité sont gratuites.

Art. 17. — Tous les frais de bureau du comité seront supportés par le ministère de la guerre.

Art. 18. — Soliman-Pacha est nommé président du Conseil de l'instruction publique... N...., vice-président, Edham-Bey, Moukhtar-Bey et Osman-Bey, membres dudit Conseil.

Art. 19. — Les réunions du Conseil et celles du comité de l'instruction auront lieu dans une partie du palais du ministère de la guerre, qui y sera spécialement consacrée et où seront établis les bureaux de l'administration générale des écoles. »

Le 30 du même mois, Enfantin écrit de nouveau à Soliman, et cette fois, c'est sur l'avenir politique de l'Orient et du monde qu'il laisse percer sa pensée en quelques mots.

« Mon cher général, dit-il, Linant arrive — il paraît en effet que le pacha a dit devant plusieurs personnes (M. Mimaut et M. de Cerisy en étaient) que puisque les nations européennes n'avaient pas su ou voulu terminer l'affaire d'Orient, il la finirait lui-même.

» On assure que Reschid-Pacha a mis le pied sur les nouvelles conquêtes de Méhémet avec 30,000 hommes. — Les travaux de l'arsenal sont extrêmement actifs ; on parle toujours du mouvement des escadres française et anglaise.

» Tout ceci ne me paraît pas encore tout à fait décisif, tant je désire la paix ; cependant il est bien possible qu'une large démonstration de force soit suffisante. Dans tous les cas, l'année prochaine sera féconde en grandes choses, et le voyage que nous avions projeté en Syrie nous conduira peut-être bien jusqu'à Constantinople ; car c'est là que se termineront les difficultés politiques qui embarrassent le monde actuel tout entier. — P. ENFANTIN. »

Dans les premiers jours de septembre, un des disciples d'Enfantin, resté à Damiette, Urbain avait été plongé dans un accès de profonde mélancolie en apprenant la mort de Moïse Retouret[1] en Algérie ; sous l'impression de cette nouvelle, il écrivit au maître :

« PÈRE, en ce temps-ci la joie et la douleur se pressent dans ma vie et se disputent chacun de mes jours ; de tous côtés je suis profondément frappé et secoué.

» J'aimais beaucoup Moïse.

1. Moïse Retouret, prédicateur saint-simonien, né à Limoges, mourut en Algérie en 1834. Lamoricière, qui prit soin de ses funérailles, fit mettre sur sa tombe une inscription conforme à la croyance saint-simonienne sur Dieu et la vie future.

» De mon père, je n'ai rien su, rien appris, m'a-t-il maudit ou béni ? pas un parent qui me puisse dire sa dernière parole...

» Elle est morte, jeune encore, belle et amoureuse, cette noire que j'avais exaltée devant Dieu et qui ne laisse à tous mes hymnes de joie qu'un refrain de mort.

» Tous mes anciens amis, les uns après les autres, s'en vont, ruinés, malheureux, désespérés.

» Duveyrier remue profondément toutes mes ambitions en m'appelant à Paris, au théâtre ; mais sa lettre ne me dit rien de vous, ni de votre œuvre ; vous êtes comme oublié, mais moi je ne suis pas prêt encore à vous adorer comme un grand dialecticien échoué !...

» Toutes ces choses me mettent quelque souffrance au cœur, et j'ai besoin, dans la douleur, de confesser ma foi.

» Quels que soient l'heure et le lieu où m'arrivera votre parole, je serai prêt. J'ai foi en vous, PÈRE, et en votre mission ; j'ai foi dans l'intervention des femmes et dans ma force. »

Ces tristes accents provoquèrent une réponse où la force du maître se manifestait avec la supériorité sympathique qui le caractérisait devant le monde, et en même temps, sous la forme familière et tendre de la vie intime.

Le 14 septembre, Enfantin écrit à Urbain :

« Je commence par te faire mon compliment, cher enfant ; on voit que tu es à l'école; tu écris maintenant comme un maître d'écriture : c'est droit, c'est propre, c'est aligné, c'est superbe !

Tu le vois, à ton chant de tristesse je réponds en jouant ; est-ce parce que les cordes de ton âme ne vibrent pas avec celles de la mienne ? Oh non! mais je veux que la joie te revienne, parce que le ciel n'est pas aussi sombre pour moi, et que mon ciel, doit être celui de mes enfants chéris; et cependant tu attends de moi une parole d'appel, un ordre, je n'ai qu'une caresse encore à te donner ; est-ce assez ?

» Que voulais-tu que le poëte de Dieu te racontât de moi et de mon œuvre ? il ne se répète pas, il a déjà chanté en prophète mes voyages et mes travaux, il a chanté mon commerce avec les rois et les reines ; ma vie à travers les montagnes et les mers. C'est à moi maintenant à justifier le prophète, quant à lui, il a autre chose à faire, et ne se couvre pas la tête de cendres en attendant. Il veut que tu fasses comme acteur ce qu'il fait comme auteur ; il a raison ; mais où est la scène ? toi seul peux le savoir, car je ne te crois pas acteur récitant la parole d'*un autre*; c'est toi qui feras ton poëme, et qui choisiras ton théâtre et ton peuple.

» Les capitaines sont arrivés, mais ne sont pas encore tout à fait installés au barrage; il y manque la formalité gouvernementale. J'attends bientôt Duguet et Petit; Barrault est ici cherchant une œuvre, Ollivier a quelques sujets de moins de tristesse et se porte mieux. Avant peu j'espère prendre un peu de liberté, et je commence même par un petit séjour au Caire, laissant mes enfants au barrage. Ici je suis plus à l'aise pour songer à beaucoup de choses qui doivent marcher de front avec notre œuvre *industrielle*.

» Tu n'avais pas reçu une longue lettre d'Ollivier que le général s'était chargé de te faire passer, et vous vous plaigniez, toi et Jules, de notre silence, tous deux impatients de trouver votre place *officielle* dans votre vie apostolique, vous ne tenez pas assez compte de celle que vous occupez en ce moment, et qui, malgré ce que vous pouvez en penser, devra bien avoir sa valeur providentielle. Vois où en est ton Arabe, et Jules, où en est sa foi; je suis sûr que votre communion intime vous a été à tous deux bien utile, et que quelques-uns de ceux qui vous entourent s'en ressentent. C'est d'ailleurs dans cet abandon à vos propres forces, et dans ce vif désir de voir votre place marquée, que vous trouverez l'un et l'autre l'inspiration qui vous dirigera vers la route que Dieu vous a tracée et que vous cherchez encore. Pourquoi enfin tant d'impatience? Suis-je, moi, dans la position où vous désirez que je sois, dans celle à laquelle j'aspire? l'humanité se doute-t-elle de ce que je suis? y a-t-il un peuple, une cité qui le sache? Pourtant je marche sans impatience trop vive, parce que je me sens dans la route qui conduit où je veux aller. Eh bien, n'êtes-vous pas sur un des sentiers qui bordent cette route? En un instant nous pouvons nous faire signe.

» Que ces derniers mots n'emprisonnent pas ta vie, cher enfant; j'ignore si ce n'est pas à toi à faire aimer l'Orient en Occident; si ce n'est pas à toi qu'il appartient de pousser en France le premier cri d'une croisade prêchée d'en *haut* et non à la sourdine, comme Petit et Duguet l'ont fait; j'ignore si ce n'est pas là le rôle que l'appel de Duveyrier te ferait trouver en Europe; j'ignore encore où est ton théâtre et ton temple.

» Je t'ai dit que mon ciel était moins sombre; que te faut-il de plus en ce moment? chante, tu es jeune, tu es au milieu de l'enfance, tu es à l'école; les jeunes Arabes aiment celui qui chante, et je veux qu'ils aiment celui qui sait chanter notre Dieu, les femmes, moi et les noirs. Jules qui n'a pas ta jeunesse se plaint de son isolement et de son inaction; mais Jules est jeune encore en apostolat, et il avait besoin de se tremper dans la fraîcheur de tes longs services d'apôtre; tu es une vieille moustache parmi ceux qui m'aiment et tu m'aimes comme un enfant.

» Mon ciel est moins sombre, et pourtant je ne t'appelle pas encore près de moi; il me le faut plus beau, plus riche, plus gai, car je veux qu'il ne te manque rien quand tu seras près de moi, depuis la tendresse du père jusqu'aux caresses de la mère, depuis le turban que tu enrouleras autour de ma tête jusqu'aux babouches brodées d'or que tu mettras aux pieds de ta blanche (tu veux une blanche aussi ?) jusque-là tu ne chanterais près de moi que des désirs ardents non satisfaits, comme au désert; en voilà assez. Et ne me dis pas que ce sera peut-être trop longtemps attendre ; prophète de malheur, je ne te croirais pas.

» Tu aimais beaucoup Moïse, et pourtant Moïse était bien chaste dans sa parole et dans sa chair. Moïse fut l'enfant chéri que je pris tout près de moi, afin d'avoir sans cesse sous les yeux sa face de pureté et d'enfance, alors que j'écrivais ma parole d'appel à la chair. C'est même lui qui a écrit, sur mes notes et en ma présence, les deux fameuses séances de la famille des 19 et 21 novembre; c'est sur lui que je répandais ma tendresse dont Reynaud et Transon ne voulaient plus; et sa piété filiale guérissait quelques-unes des blessures que ses frères aînés m'avaient faites.

» Cher enfant, Dieu l'a repris; il l'a brûlé avec son soleil d'Afrique, et il a fait grandir, sous le même soleil, le poëte de la volupté, le noir. Moïse, à la chair blanche et rosée, est mort; puisque tu l'aimais, reporte un peu de ton amour chaud sur la chair blanche et rosée qui doit affranchir le noir, car c'est elle qui est maîtresse aujourd'hui, c'est elle qu'il faut implorer et convaincre; d'ailleurs tu n'es pas seulement l'apôtre des noirs, tu as du sang de blanc aussi dans les veines, et celui qui te l'a donné est comme Moïse, mort. Que ton père et ton frère, blancs tous deux, soient en toi.

» Je te dis tout cela parce que j'ai lu ta lettre à Colin, tu te limites trop tôt dans ta vie d'ardente jeunesse: tant d'hommes et de femmes qui ne sentiraient pas ta vie maintenant la sentiront un jour, mais c'est que tu auras un peu changé avec les années. Ne dis-tu pas toi-même que tu t'essayes encore, que tu ne vis pas encore tout à fait de ta vie d'homme? et puisque c'est moi qui suis, de tous les hommes, celui que tu aimes le plus, n'est-ce pas vers mon âme que tu marches? Avance donc, tu y trouveras Moïse à la chair blanche et à la parole chaste.

» La lettre de Colin a fait tressaillir ta chair et bouillonner ton sang; or tu sais que je n'aime pas les *réactions ;* voilà pourquoi, au risque de te déplaire un peu par mon *calme*, je te demande, pour l'amour de moi, de prétendre à sauver les noirs par *l'amour des blancs pour toi et pour eux*, et non par la révolte seulement et la violence, quoique la révolte et la violence soient voulues de Dieu pour certains lieux et pour certains âges. — Tu as quitté les rues étouffantes du Caire, et son soleil et sa poussière; tu es sur les bords de la mer, respirant l'air frais qu'elle pousse sous notre soleil ardent, cela veut dire quelque chose; enfin tu m'écris une lettre propre, sans tache, sans rature, nette et polie comme la face pure de notre Moïse : tu le vois, Dieu te parle le même langage que moi, et il t'a même envoyé de France une parole exaltée, dont il ne faut retrancher que l'exagération, parole de femme qui rappelle le Christ à ton amour.

» Il est aussi en moi le Christ, dont la chair fut sacrifiée à l'esprit, et tu peux dire à celle qui veut t'y ramener, que tu le suis, que tu es avec lui, mais que plus heureux qu'elle, tu le vois après sa résurrection, fort dans sa chair et fort *aussi* dans son esprit, aimant le plaisir et la chasteté, aimant toi et Moïse — mais Moïse est mort! Eh bien, que Moïse soit en nous, conservons le comme un dépôt; jusqu'à ce que Dieu nous montre sa nouvelle figure, soyons son tombeau.

» Il faut qu'ils nous aiment les blancs qui battent et vendent les noirs; il faut que leurs blanches, par amour pour nous, les convertissent, il ne suffit pas que tous les noirs s'écrient : Vive le Père; si les blancs n'y répondaient pas; si même ils ne criaient pas les premiers, es-tu sûr que tes noirs ne me prendraient pas pour un simple président de Saint-Domingue, et qu'après avoir dit : Vive le Père, ils ne crieraient pas : Mort aux blancs! La révolution des *payens* est bien avancée; nous avons *fait* peu, nous avons *dit* assez pour les lancer dans la voie où leur pente naturelle les fera marcher vite, et où d'ailleurs le siècle tout entier les entraîne. Vis-à-vis d'eux ce qui nous reste à *faire* ce sont des *actes* qui leur servent d'*exemple* et de *règle* pour maintenir leur fougue si prompte au désordre, à toi, *acteur*, à comprendre; à toi qui as mis toute ta *pensée* payenne sur tes feuilles volantes et qui rêves *l'acte;* c'est dans ce moment surtout qu'il faut que tu songes à *Moïse,* à ton *père* mort, à la femme qui te pousse vers le *Christ,* à Duveyrier qui te rappelle chez les *chrétiens,* à Colin aussi qui te révèle une des répugnances dont tu dois triompher par ton geste, car tu es apôtre de la foi *universelle,* et non de la religion des *noirs* seulement.

» Acteur, jusqu'ici tu as cherché en vain ton théâtre et ton poëme, ce que tu *écrivais* ne pouvait se *dire* en PUBLIC, c'est que ce que tu *pensais* ne pouvait se *faire.* Maintenant écris *pour* dire, pense *pour* agir en PUBLIC, et le poëme et le théâtre viendront.

» Et maintenant, cher enfant, ne vas pas croire, par tout ce que je te dis, que j'ai quitté Ménilmontant, ma prison, la France, pour me faire moine en Egypte; que ma parole au contraire te soit un signe que je ne suis plus au temps où, par *contraste,* tes bouillonnements d'ardeur charnelle mouillaient mes yeux. Je te le répète encore, mon ciel est moins sombre, et je fais presque comme le convive qui a peur de trop boire et qui prie ses voisins de boire de l'eau pour lui servir d'exemple. Bois un peu d'eau mon enfant, et ne fais pas de farce; l'eau-de-vie est blanche aussi, n'en remplis pas ta carafe, je serais capable de m'y tromper... volontairement.

» Adieu, amitiés à Jules; patience encore tous deux, si Dieu ne vous envoie pas *directement* une lumière. Je n'ai encore dans la main que des petits cierges de chapelle dont la lumière ne brille pas au loin, et que je ne peux pas planter comme un phare au haut des pyramides ; mais Dieu ne tardera pas, je l'espère, à crier : *fiat lux*! et la lumière sera.

» Je t'embrasse, toi, mon acteur, et non pas l'acteur des noirs seulement. Moi je suis le représentant des noirs et des blancs; jusqu'à ce que les représentan*tes* des noi*res* et des blan*ches* se soient montrées, tu es *mon* acteur [1]. — P. ENFANTIN. »

Septembre et octobre se passèrent en course du barrage au Vieux Caire où Enfantin séjourna alternativement. Le 4 novembre, reprenant sa correspondance avec Mlle Saint-Hilaire, il lui dit, après quelques détails intimes sur son vieux père et sur son fils Arthur :

« J'arrive à l'histoire de ces deux mois derniers. A peine les capitaines ont-ils été au barrage, qu'en les mettant à l'œuvre, j'ai cherché les moyens de

1. Urbain est aujourd'hui voisin de la tombe de Moïse Retouret, membre du conseil de gouvernement de l'Algérie. Il a accompagné l'Empereur Napoléon III dans sa dernière visite aux diverses provinces de la colonie, en qualité d'interprète.

les emmancher le plus intimement possible avec Linant ; pour cela j'ai voulu m'éloigner pendant quelque temps afin qu'ils s'engrénassent plus librement. Je suis venu au Caire chez Soliman où je trouvai Barrault, avec qui d'ailleurs j'avais beaucoup à causer. — Lambert a pris presqu'immédiatement une ophthalmie ; quand Soliman qui l'aime bien l'a su, il a voulu que nous l'allassions chercher, ce que nous avons fait. Quelques jours après, il a été question d'un voyage à Damiette, où Soliman allait inspecter l'école où Urbain est professeur, et de visiter en passant plusieurs villes où l'on veut, dans de vieilles casernes, établir des écoles primaires. Il y avait dans ce voyage quelques plans à faire, Soliman voulait nous avoir, je ne demandais pas mieux, voulant profiter plus tard de cette circonstance pour faire sentir, par l'utilité d'ingénieurs que nous aurions pendant ce voyage, notre position de *volontaires* d'une manière plus nette et désirant qu'à l'arrivée du Pacha ici, notre nom lui parvînt par une autre source encore que celle du barrage, par Soliman autant que par Linant et par Edham-Bey. Nous partîmes donc au commencement du mois dernier, (le 7, je crois) pour Damiette sur la cange de Soliman ; avec nous étaient encore Gaétani, médecin, membre du conseil de santé, adjoint à l'inspection de Soliman pour visiter l'école selon sa profession, et M. Beaufort-d'Hautpoul, jeune capitaine d'état-major dont je vous ai déjà parlé dans ma lettre, et que j'ai mieux aimé en le voyant plus intimement. Nous sommes restés trois jours à Damiette, dans les dîners jusqu'au cou, et moi tirant beaucoup de lignes et chassant un peu les bécassines et les tourterelles. Notre séjour m'a été très-agréable. Le commandant de l'école et quelques professeurs sont de vrais amis pour nous avec lesquels Urbain est tout à fait en famille.

» Enfin nous sommes partis comblés d'amicales prévenances. — A un jour de marche, une barque qui descendait nous aborde et un messager du Pacha remet à Soliman une lettre de son maître, qui lui annonce que le maréchal Marmont désire loger chez lui, et qu'il va partir d'Alexandrie pour le Caire.— Alors nous faisons force de rames, de voiles et de cordes, mais le vent était mauvais; enfin il nous fallut six jours pleins pour regagner le Caire, rencontrant encore sur notre route deux ou trois courriers expédiés à Soliman pour presser son retour. — Le maréchal n'était pas arrivé, mais on l'attendait à chaque instant. — Il est bon de vous dire que dès le jour où Soliman avait su que Marmont venait en Égypte (il y a plusieurs mois), il avait témoigné à M. Boghos-Bey le désir qu'il aurait de le recevoir ; mais celui-ci avait répondu que Son Altesse y avait déjà pourvu, et lui faisait préparer un de ses palais. Il paraît qu'on avait changé d'idées, et cette nouvelle décision surprenait Soliman un peu à l'improviste. Cependant, comme il était en marché presque conclu avec le propriétaire d'une jolie maison sur le Nil, touchant la sienne, il en prit possession immédiatement et la fit préparer à la hâte. C'est une vraie habitation de pacha, beaucoup plus belle et plus agréable que son ancienne maison. En deux jours tout fut prêt ; il était temps, le maréchal arrivait.

» Maintenant, deux mots sur les cancans d'Alexandrie. — Le maréchal, quoique toujours au service de France, touchant ses appointements, ayant prêté son serment, n'en est pas moins, par le fait, exilé de France. D'un autre côté, il a reçu un excellent accueil à Vienne ; l'empereur et M. de Metternich le traitent pour ainsi dire comme étant de la famille, enfin les circonstances dans lesquelles Marmont s'est trouvé en France, ne le disposent pas, dans ses voyages, à rechercher les sociétés françaises, et il a même eu, à ce qu'il paraît, quelquefois à se plaindre des autorités consulaires de notre nation très-patriote. Il résulte de tout cela que le maréchal voyage avec un passe-port autrichien, ce qui me paraît assez naturel, et qu'il s'est fait présenter au pacha par le consul autrichien pour lequel il avait des lettres très-impératives de recommandation, ce qui me paraît encore très-naturel, d'autant plus que M. de Metternich avait annoncé son arrivée au ministre du pacha par des lettres très-pressantes de recommandation. Mais nos Français, très-Français d'Alexandrie, ne trouvèrent pas tout cela naturel; ils se piquèrent, se fâchèrent, cancanèrent, comme de raison, si bien que ce fut un concert, pendant au moins quinze jours, qui retentit au Caire.

» Le grand cœur de Soliman, au-dessus de toutes les passions politiques, obéissant si chaudement à tous les vieux souvenirs de gloire, avait vu, dans Marmont, le lieutenant de Napoléon, celui de tous les généraux que le grand homme aimait d'un amour que plusieurs osaient nommer aveugle; l'homme qui, au dire de Napoléon, était le meilleur théoricien dans l'art de la guerre, la meilleure tête stratégique, qui, au dire de tout le monde, est un homme très-instruit, de beaucoup d'esprit, ayant consacré les années de la paix à faire de l'industrie en grand, à s'y ruiner en donnant à la France une impulsion utile; le grand cœur de Soliman, dis-je, est allé jusqu'à repasser au creuset de sa conscience, non pas l'affaire de 1830, où personne de sens aujourd'hui ne trouve Marmont coupable, mais celle de 1814 où Marmont a pu être obligé de mettre en balance l'existence de Paris, l'avenir de la France et de l'Europe entière avec sa fidélité à un homme qu'il connaissait de plus près que tous. Sans s'arrêter beaucoup à ces calculs politiques, Soliman a fermé les yeux sur ce qu'il ne voulait pas approfondir pour les ouvrir plus grands aux souvenirs qui plaisaient à sa grande âme. »

A cette même date, Enfantin annonçait à Urbain l'arrivée de Busco, de Grenoble, gendre du célèbre agriculteur Matthieu de Dombasle, appelé en Égypte par Ollivier, son ami. Il lui adressait en même temps ces questions : « Quels sont les marchés, villes ou villages de l'Asie Mineure et de la Syrie où se vendent les cocons? — A quelle époque? — Quel est le prix moyen? — Des étrangers peuvent-ils acheter et exporter? — Vite la réponse. »

Urbain ne put pas satisfaire à ce désir; la lettre d'Enfantin, partie le 5 novembre, ne lui avait pas été encore remise en décembre. Dans l'intervalle, Enfantin reçut de France un livre qui lui était adressé par l'auteur, le colonel Brack, qu'il s'empressa de remercier par la lettre suivante :

« Vieux-Caire, 19 novembre 1834.

» Il y a deux ans, mon cher Brack, vos *Souvenirs* sont venus me chercher dans ma retraite de Ménilmontant, et maintenant, jusqu'en Égypte, vous pensez à moi, merci.

» Votre *Manuel* m'a trouvé chez un Huzard qui m'a reçu en ami, en frère, et qui depuis un an que je mis, pour la première fois, sa main dans la mienne, n'a pas cessé un seul instant de me donner tout ce que je laissais en France d'affection intime et franche. Je suis chez Soliman-Pacha qui déjà, avant mon arrivée, connaissait vos *Souvenirs* et à qui j'ai donné votre *Manuel.*

» Après ce que je vous avais écrit sur votre premier ouvrage, mon amour-propre et mon amitié pour vous se sont réjouis de voir confirmer mon opinion par un bon juge. — Soliman fait traduire vos *Souvenirs* pour l'armée du pacha, et vos manuels seront traduits pour les écoles militaires dont il est inspecteur. — Il vous a connu autrefois, mais de loin et à travers la poussière des camps, peut-être aussi dans le monde de 1814 et de 1815, et il ne savait pas encore bien qui vous étiez ; aujourd'hui il prétend que s'il venait en France et qu'il y vît tous les régiments, il reconnaîtrait le vôtre sans lire son n° 4, rien qu'à sa tenue, à son instruction et à sa discipline; j'espère que c'est avoir fait parfaite connaissance avec vous. Quant à vos *Souvenirs*, en particulier, son opinion est que c'est le meilleur ouvrage, le plus utile, qui ait été écrit pour des militaires depuis que la guerre se fait selon Napoléon ; il dit qu'on y sent un homme qui a fait la guerre, l'œil ouvert et non en aveugle, et qui aime et connaît à fond le soldat. — Soliman sait que je vous écris, et il est bien aise que je vous dise sa pensée.

» Pour moi, je vous félicite, mon cher ami, d'avoir trouvé dans un régiment de houzards, dans le 4ᵉ, si renommé autrefois par ses fredaines et ses bamboches, des officiers aussi capables de vous aider dans votre bonne œuvre que MM. de Goyon et de Saint-Remy. Je ne vous dirai pas que lorsqu'il devient vieux le diable se fait ermite, mais quand je vois des houzards, et surtout le 4ᵉ, *travailler* en temps de paix, je regarde au ciel si rien n'est changé dans ce monde, et je me réjouis, car c'est pour moi un signe que les régiments seront bientôt, comme vous le dites, le complément de l'éducation civile, civique et..... pacifique.

» Dieu réserve à notre siècle ce miracle. Oui, ce seront les régiments qui seront la base de l'éducation pacifique; c'est en eux que réside encore aujourd'hui la force sociale, et pourtant il existe une autre *force* sociale, celle qui *produit*, qui n'a encore aucune organisation, qui n'a pas de rang légal dans la hiérarchie sociale, qui vit dans le désordre, dans l'anarchie, et qui ne pourra trouver ses exemples d'ordre, de travail, d'honneur, que dans les temples de la guerre, dans les casernes ; vous l'avez dit; c'est à vous de former les contre-maîtres de l'industrie, ces sous-officiers pacifiques, les cadres du travail productif, la base de l'armée pacifique des travailleurs. Figurez-vous un instant, mon cher ami, qu'un jour les gouvernements prennent autant de soin de l'instruction des industriels qu'ils en prennent des soldats, imaginez des *colonels pacifiques* aussi ardents que vous l'êtes à l'éducation de leurs *soldats*, et rêvez alors les merveilles créatrices que les peuples pourraient accomplir.

» Je vous rabâche ici ma vieille marotte, tant pis pour vous, pourquoi venez-vous me chercher si loin, il me semble d'ailleurs que dans ma lettre de Ménilmontant je vous parlais beaucoup des *femmes ;* si aujourd'hui je vous parle d'*industrie*, vous avez, en deux fois, toute ma vie. Et il est bien juste que je vous aie parlé des femmes quand j'étais en France, puisque c'est pour avoir parlé d'elles que la France m'a emprisonné et à peu près chassé; de même il est juste que, d'Égypte, je vous parle d'industrie, puisque c'est pour une œuvre industrielle que je suis venu ici et que l'Égypte m'accueille.

» Vous avez lu quel était le but de notre voyage en Égypte; profiter du prodigieux développement du grand peuple arabe, pour l'inspirer des travaux les plus utiles à l'Égypte et au monde, hâter par exemple le moment où la communication des deux mers sera opérée, percer cette route de l'Inde que voulait Napoléon, et faire de l'Égypte, comme il le voulait aussi, un beau jardin, lieu de repos pour tout le commerce du globe. Nous suivons ce programme qui vaut bien celui de l'Hôtel-de-Ville, avec la patience laborieuse que vous nous connaissez, et nous avons foi qu'il viendra un jour où l'on nous saura quelque gré (la France plus que tout autre) de la part que nous aurons prise à ces travaux gigantesques que l'Europe ignore, malgré toute sa science et sa richesse, malgré la civilisation et la puissance dont elle est si fière et qu'elle emploie si pauvrement.

» Ingénieurs, agriculteurs, médecins, professeurs, artistes; j'ai déjà amené ici une petite colonie que je grossis peu à peu selon les besoins du service, et que je grossirai d'autant plus que les premiers arrivés auront donné des preuves de leur talent et de leur utilité. Plusieurs sont dans les écoles, d'autres dans les hôpitaux, un plus grand nombre aux grands travaux du barrage du Nil, et quelques-uns en amateurs parcourent l'Égypte en artistes voyageurs, dessinant, sculptant, et s'inspirant aussi du chant des Arabes. Partout nous avons trouvé un accueil bienveillant, hospitalier, de l'estime pour tous, et déjà même un certain espoir dans les services que nous pouvons rendre.

» Vous aurez entendu parler, probablement de diverses manières, du voyage du maréchal Marmont, et de son séjour chez Soliman-Pacha. Il y a été reçu comme un ancien lieutenant du grand capitaine, avec toute la délicatesse et la grandeur que Soliman sait donner à son hospitalité. J'ai eu plaisir à me trouver chez lui dans ce moment ; le maréchal a vu tant d'événements que, quels que soient ses torts ou ses faiblesses, il est intéressant à entendre ; la justice du siècle, d'ailleurs, a été si lourde pour un homme dont tous les torts viennent de ce qu'à deux fois on a chargé ses épaules trop faibles de la destinée de la France et de l'Europe même, qu'il est curieux de voir cette colonne brisée de deux trônes, cet enterreur de rois et d'empereur, ce vieux maréchal qui a combattu les Autrichiens et les Russes, aujourd'hui haï par les ennemis des empereurs et des rois, et chéri par les empereurs d'Autriche et de Russie. Enfin Marmont fait un voyage qui sera certainement utile à nos politiques européens; parti de Vienne, il a visité la Russie, Constantinople, la Syrie et l'Égypte; or, c'est dans ces lieux que s'agitent en ce moment les destinées du monde. Sans caractère officiel, il voit mieux qu'un ambassadeur; son œil d'abord est bon, et en somme je le crois aussi bon diplomate que général, malgré son *instruction* militaire qui est profonde, et certes en première ligne.

» Le pacha vient d'arriver au Caire, après une course faite dans le Delta; il professe une envie de travail qui fait plaisir; malgré son âge, il a sous cette barbe blanche une activité de jeune homme et une noble passion pour les grandes choses.

» On annonce l'arrivée à Alexandrie d'un envoyé russe; je crois en effet que la solution des affaires d'Orient s'avance, mais on échangera encore bien des ambassadeurs avant leur fin.

» Adieu, mon cher ami; vous voyez qu'avec vous je suis toujours bavard, c'est un faible au moyen duquel on peut mesurer mon amitié, et vous ne m'en voudrez pas si je n'ai pas supprimé une ou deux pages. Pour vous, envoyez-moi toujours des volumes, car ils sont bons, mais joignez-y aussi quelques lignes qui soient pour moi, et qui me parlent davantage de vous, de ce que vous aimez, et de ce que vous faites. Je vous serre la main.

» P. ENFANTIN. »

Les saint-simoniens lui avaient fait en Égypte, à Marmont, un accueil dont il était d'autant plus touché que la colonie française d'Alexandrie avait tenu à son égard une conduite toute différente. Le maréchal s'en est souvenu dans le récit de ses voyages en Orient, où nous trouvons les lignes qui suivent :

« Si l'on m'avait dit, lorsque j'ai commencé mon voyage, que je rencontrerais des saint-simoniens, peut-être ma curiosité aurait-elle été piquée; mais si l'on eût ajouté que je vivrais dans une sorte de familiarité avec plusieurs d'entre eux, qu'ils m'inspireraient de l'intérêt et que je me plairais dans leur société, je l'aurais nié d'une manière absolue, et c'est cependant ce qui est arrivé.

» Je trouvai, établis dans la maison de Soliman-Pacha, quelques-uns des plus célèbres apôtres de cette secte. Soliman-Pacha les avait recueillis; il avait été pour eux une véritable providence, et ils vivaient avec lui dans l'intimité : c'étaient le Père Enfantin, chef suprême; MM. Barrault, Lambert, Petit et quelques autres.

» Tous me parurent avoir des mœurs douces, un caractère tolérant, serviable, bienveillant, et beaucoup de qualités sociales; je vis parmi eux des hommes d'une instruction étendue et profonde. Plusieurs sortent de l'École polytechnique. M. Lambert a été ingénieur des mines en France et le premier de sa promotion; c'est un savant distingué et très-fort en analyse. M. Barrault est doué d'une éloquence naturelle, brillante et pleine de charmes; il a consacré sa fortune aux intérêts de la doctrine qu'il professe. Le Père Enfantin a un sens droit et un jugement sain sur tout autre objet que le saint-simonisme. Il prend au sérieux la mission qu'il croit avoir reçue, et ses adeptes ont l'air de faire une chose toute simple et toute naturelle, quand ils lui montrent soumission et respect.

» C'est un spectacle curieux pour un observateur. Ces hommes vivraient dans un ordre régulier au milieu d'un peuple qui aurait adopté leurs dogmes, qu'ils n'agiraient pas d'une manière plus simple et avec une conviction plus apparente. Au surplus, j'évitai de leur parler de leur prétendue religion. On ne discute pas sérieusement avec leurs auteurs de semblables utopies, subversives de toute société, et l'arme de la plaisanterie blesse souvent plus que les autres. J'aurais répugné à offenser des gens dans lesquels je trouvais beaucoup de prévenance et d'empressement pour moi.

» Une seule fois, j'entrai en matière avec M. Lambert, dont la conversation, riche de faits et nourrie par une instruction étendue, me plaisait infiniment.

» Le pacha a pris à son service ceux des saint-simoniens qui peuvent lui être utiles. Ils dirigent des travaux, et il en a plusieurs qui, sous M. Linant, sont employés à ceux du barrage du Nil. M. Lambert a dû être mis à la tête d'une école de mines et chargé de l'exploitation de celle de charbon de terre qui est au pied du Liban. Personne n'est plus capable que lui de servir les intérêts du pacha dans cette branche importante.

» D'autres saint-simoniens, de diverses professions, habitent le Caire et vivent de différentes industries. Ils se réunirent un soir chez Soliman-Pacha et donnèrent un concert et un petit spectacle qui nous firent beaucoup de plaisir.

» Ils n'ont plus aucune assemblée, et ne se livrent à aucune prédication ; elles seraient sans objet, faute d'auditeurs pour les comprendre, et s'il en était autrement, je ne pense pas que le pacha leur laissât le libre usage de la parole. Rien ne les distingue aujourd'hui que le costume qu'ils portent et la résignation qu'ils montrent à leur sort. Ils ont agi sagement en adoptant l'Égypte pour séjour; c'est un pays où ils peuvent être utiles et où ils vivent en repos. » (*Voyage du duc de Raguse*. — III, — 361 et suiv.)

La première mention écrite des bons rapports qui s'établirent tout d'abord entre M. Ferdinand de Lesseps et Enfantin porte la date de cette époque. C'est un billet adressé le 8 décembre 1834, du barrage du Nil, au consul de France à Alexandrie; Enfantin y disait :

« Mon cher monsieur, à Alexandrie, comme au Caire, j'ai recours à votre obligeance, voici des lettres que je vous prie de faire parvenir à leur destination.

» Avant de quitter le Caire, j'ai pendu la crémaillère chez Beaufort, j'ai dîné et couché dans sa *respectable* maison, et nous vous y avons bien regretté. Maintenant je suis dans mon petit ermitage, au bord du Nil, prêt à arrêter votre barque, à votre retour que je désire le plus prochain possible. — Dans peu de jours, il se présentera chez vous un homme que j'aime, M. Jallat, qui était mon médecin en France, et celui de ma famille, et qui vient se fixer ici. Je vous le présente, à vous, consul de France, comme un Français instruit, médecin habile, mais je le recommande surtout à la bonne amitié de M. Ferdinand de Lesseps, comme un des meilleurs cœurs que je connaisse.

» J'avais adressé à Barrault, par votre entremise, une lettre qui a dû arriver à Alexandrie le lendemain du départ du *Voltigeur;* si vous pouviez me retourner cette lettre vous m'obligeriez.

» Ne m'oubliez jamais quand vous écrivez à Cabarus; mais, comme vous ne lui écrivez pas toujours, songez quelquefois à votre tout affectionné.

» P. Enfantin. »

Ce fut vers le milieu du même mois qu'Enfantin reçut, au barrage, la visite de Suzanne Voilquin et de quatre saint-simoniens nouvellement débarqués avec elle en Égypte, Massol, Rogé, Goudret et Drouot.

Suzanne, dans un livre fort intéressant qu'elle vient de publier, fait le récit de cette visite. Nous en extrayons le passage suivant :

« Ce fut le 4 décembre 1834, que nous élançant sur la berge nous reçûmes l'accolade fraternelle de tous nos amis. Le Père, heureux de nous voir, nous embrassa bien tendrement; puis il nous présenta à M. Linant, ingénieur en chef du barrage, chez qui il logeait en ce moment. Rogé revit avec bonheur sa jeune femme, qui l'avait précédé en Égypte depuis quelques mois.

» Nous dînâmes à la turque, c'est-à-dire assis à terre sur une natte à la façon des tailleurs, tous entourant un vaste plateau de cuivre garni de mets; seulement, les verres, couteaux, couverts et le linge de table se faisaient remarquer par leur absence, étant regardés comme des accessoires superflus dans ce pays.

» Un usage fort nécessaire et partout en faveur, c'est l'aiguière et la serviette, que les domestiques présentent à chacun avant le café; puis apparaissent, avec les chibouques, ces jolies tasses lilliputiennes, mais qui se remplissent autant de fois que vous le désirez d'un excellent moka. Le café pulvérisé se prend à la turque ou à la franque, selon le goût, c'est-à-dire avec ou sans sucre, clair ou mélangé de son marc.

» Laissant ces messieurs aux jouissances du tabac de Latakié, je fis, au bras du Père, quelques tours de promenade sur les bords du Nil. Il me dit, en regardant les travaux d'un air mélancolique :

« — Merci, bonne fille, de m'avoir tenu parole;
» mais ton arrivée coïncide avec deux grands faits,
» l'apparition de la peste et la cessation de ce tra-

» vail où nous comptions trouver tous l'emploi des
» forces vives de nos diverses natures; qu'en
» penses-tu? — Père, cela ne veut pas dire qu'il
» faut poser notre tente ailleurs? — Qui sait peut-
» être sur les bords de la mer Rouge?... — Ce tra-
» vail, le verrons-nous? reprit-il. Ah! sera-ce
» comme le barrage? car tu touches là à une im-
» mense question, de beaucoup plus grave vue de
» près qu'imaginée ou étudiée de loin... Mais ne
» devenons pas fatalistes; attendons! Dieu s'expli-
» quera par les faits. » (*Souvenirs d'une fille du peuple*, 265, 266.)

Les travaux du barrage ne marchaient pas en effet selon l'espoir d'Enfantin; il l'écrivait à Duguet quelques jours après, dans une lettre où se trouvent des détails qu'il est utile de reproduire.

« 28 décembre 1834, barrage du Nil.

» Jallat m'a remis ta lettre, mon cher enfant, et je viens de recevoir celle du 27 novembre. Je te confirme la mienne du 5 novembre qui n'était pas encore un ordre précis de retour, mais par laquelle je te témoignais toute la satisfaction que j'ai éprouvée de ton zèle dans la mission délicate que je t'avais donnée, mission qui me paraissait d'ailleurs toucher à son terme, et qui aujourd'hui est accomplie d'après ta course départementale où tu as dû voir tout ce qui restait à voir. Je regrette un peu que cette lettre ne te soit pas parvenue avant le départ de Bés qu'elle aurait probablement arrêté, parce que je fixais ton attention sur l'impossibilité où nous étions de nous charger d'hommes qui se pendraient à notre basque, et qui attendraient de *nous* et non pas d'*eux*, avant tout, leur avenir. Je t'ai fait passer encore plus tard, par Aglaé, quelques lignes sur le même sujet.

» Ta première phrase au ministre des affaires extérieures aura, en effet, et a déjà eu sans doute son retentissement. Je la regarderais comme fâcheuse, si je ne désirais pas ardemment une explication qui s'approche, entre nous et les pouvoirs orientaux et occidentaux. Ce qui est fait d'ailleurs est fait.

» Je te disais plus haut que ta mission en France était accomplie pour le moment; la raison principale est que les travaux ne vont pas aussi vite que nous pouvions le penser à ton départ. Depuis quinze jours ils sont presque totalement suspendus, les hommes sont renvoyés dans leurs villages pour les récoltes de coton et pour les semences. Il n'en reste que 1,500 aux deux barrages pour les bâtisses et la taille des pierres. Notre grand travail, en ce moment, est celui des plans et études d'art; Hoart s'y est mis avec une ardeur et un succès remarquables. Ensuite *l'organisation des régiments pacifiques* a rencontré des pierres sur son chemin; elle reste en projet dans les cartons et rien n'annonce disposition à l'en faire sortir. Sans elle pas d'emploi possible pour les ouvriers et chefs d'ateliers européens.

» Vite un mot sur les modèles de Brocchi et sur le cabinet de physique; *ne fais rien,* tu m'as donné les prix, voilà tout ce qu'il me faut, la somme est trop forte, et j'aurais meilleur emploi de 17,000 fr. Je ne relis pas mes lettres anciennes, mais il me semble que je ne t'ai jamais dit d'*acheter* cela; au reste, quoi que j'aie pu dire, ne fais aucun effort dans ce but. L'école des ingénieurs ne bat que d'une aile, comme toute chose qui commence ici; elle ne se débrouillera pas avant plusieurs mois du gâchis où elle est; ce serait trop long de te raconter tout cela.

» Attends-toi donc, cher fils, à recevoir très-prochainement de moi des ordres pour ta vie nouvelle. Ma douleur sera de ne pouvoir te témoigner encore comme je le voudrais, tout ce que m'ont inspiré et tes peines et ton zèle; je suis toujours ermite et pauvre, sans entourage, sans culte, sans maison où tu puisses prendre le rôle et la place que je voudrais montrer à tous comme témoignage de ton dévouement et de mon affection; mais grâces à Dieu, nous savons si bien *patienter*, nous, réhabilitateurs des *impatients!* Nous savons si bien que Dieu nous assiste, là où il nous fait traverser la vie, que nous refoulerons encore un peu dans nos cœurs les besoins de joie, d'amour et de gloire qui nous brûlent et ne doivent pas nous consumer.

» Jallat paraît peu enthousiasmé de ses premiers pas ici, mais c'était tout naturel et facile à prévoir; il parle déjà de son départ; je pense et j'espère qu'il n'en sera pas ainsi.

» Je pense que Lefebvre trouvera sa place soit près de M. Bonfort, soit près de Drouot qui sollicite en ce moment l'affaire de Syrie et que probablement Lambert accompagnerait (ceci pour toi seul, jusqu'à ce que Lambert en écrive, parce que ce qui est très-bon peut être très-mal interprété, quand l'explication suffisante n'y est pas; il te suffit de savoir que Lambert ne ferait cela que parfaitement d'accord avec moi, et qu'il est toujours le même Lambert, impérissable dans son tendre attachement pour moi et dans sa profonde foi.)

» Achard qui est venu avec Génevois trouvera

sa place dans une école (professeur de dessin chez Clot).

» Yvon se joint à Rogé, David et Gondret, et je pense qu'avec Machereau, Lami, Maréchal et Urbain, ainsi que Massol, Jules, Alric, Granal, ils pourront faire une trouée dans l'art (musique et théâtre) par le moyen de et chez Soliman-Pacha. Le Ramadan est favorable pour cela ; je suis bien aise d'ailleurs qu'on voie les saint-simoniens sur ce nouveau terrain; nous faisons de la *science* et de l'*industrie* PUBLIQUES; aux *écoles* et au *barrage*, il nous faut de l'*art* PUBLIC, un théâtre. Cela ne m'empêche pas d'ailleurs d'apprendre avec grande joie que Duveyrier est en Europe notre concurrent ; sous ce rapport, les deux scènes se prêteront secours plus tard.

» Ce que je t'ai dit en commençant et dans ma lettre du 5 novembre, a dû te fixer positivement sur Verollot; personne maintenant ne doit être *pressé*, contre vents et marées; il faut attendre que sa pente seule entraîne l'Occident vers l'Orient. Je ne sais comment Lambert fera pour liquider et annuler le contrat de Bés, car nous n'avons pas le sou, et si nous avions deux affaires semblables à la sienne, et même à celle de Lefebvre, nous aurions peine à nous en dépêtrer; mais tout cela n'est rien, comparé aux inconvénients que des reproches d'une femme nous causeraient, et tout homme dans la position de Verollot doit être entièrement laissé à lui-même.

» Tu m'as parlé encore de Béranger et de Bayle; il n'y a absolument rien à faire pour eux ici, rien, rien.

» L'affaire de Busco est toujours à peu près au même point, en bon train, mais sans conclusion.

» Les ouvriers du barrage étant renvoyés, le service médical a été complétement désorganisé; Charpin et Cognat supprimés; le premier doit être envoyé en Candie; Cognat espère qu'on le gardera au Caire jusqu'à la reprise des travaux ici, et qu'alors il reprendra son ancien service.

» J'ai su indirectement que d'Eichthal se portait bien.

» Toché a quitté la Grèce; il est je crois à Constantinople.

» Le journal de Nauplie est rédigé par Jourdan (Louis) de Toulon.

» Le Caire est rempli d'Alexandrins qui fuient la peste, laquelle fait toutefois très-peu de victimes; on assure qu'elle ne remonte pas ordinairement d'Alexandrie au Caire, et qu'au contraire elle descend presque toujours quand elle commence au

Caire. Enfin dans ces mois-ci elle est peu vorace; c'est en mars qu'elle fait ordinairement le plus de mal; alors les quarantaines s'établiront peut-être jusque chez nous. Sois sobre de ces détails dont tu sens l'importance, auprès de ceux qui nous aiment et qui s'inquiètent souvent sans motifs, à *fortiori* quand il s'agit de peste.

» Adieu, cher ami. — P. ENFANTIN. »

Dans sa lettre à Duguet, expédiée seulement le 5 janvier 1835, Enfantin avait inséré ce billet :

« A VINÇARD. — Barrage du Nil. — 3 janvier 1835.

» J'ai reçu, mon cher Vinçard, ta bonne lettre et celle de Béranger, ton maître; je te renvoie celle-ci. Plus tard, Jallat m'a remis ta jolie mesure et le petit cahier de nos chansons; merci.

» La soirée chez Curie m'a fait autant plaisir qu'à Béranger, et comme lui, je te serre la main bien fort; mais ce n'est pas tout, je désire que tu portes la première chanson que tu feras à Passy; fais mes compliments affectueux à l'*ancien*, qui encourage si amicalement tes premiers pas, dis-lui que je le remercie de t'avoir engagé à ne pas me traiter de *fou* en tête de ton recueil, parce que je suis très-sage maintenant. Cependant, comme tes premières chansons datent d'un peu loin, et qu'à leur époque, je me suis trouvé très-bien nommé par le poëte, et n'ai pas réclamé, je ne mets pas non plus d'obstacle à ce que tu m'appelles fou, quoique tu ne m'aies pas demandé la permission de me traiter ainsi en public.

» Je pense comme Béranger, que les airs gravés de tes chansons seraient une très-bonne chose; aux premières, je t'y engage.

» La main à Gallet, toujours solide au poste comme toi. Je vous charge tous deux de me dire quel est celui de mes enfants de Paris qui vous serrera le plus fort, quand vous les embrasserez pour moi, à la première réunion; mais prenez garde, mes braves; mettez des cuirasses, car les gaillards ont bons bras, et ils m'aiment bien; garde à vous! Vinçard, tu ne risques rien, mon gros, tu es doublé et redoublé; mais, pauvre Gallet, je te plains.

» Adieu, enfants, travaillons séparément, puisque nous ne pouvons pas encore être ensemble; travaillons, il faudra bien que le monde dise un jour : merci, et que les femmes applaudissent aux enfants et à leur Père.

» La main au pauvre Rousselin, s'il est encore à Paris. — P. Enfantin. »

XXXI

(1835)

Enfantin entendait bien toujours, dans le lointain, le cri de gratitude du monde; mais cette satisfaction anticipée, cette jouissance prophétique ne l'empêchait pas d'être sensible aux contrariétés du présent, et de chercher en lui, par la méditation, la forme nouvelle dont il avait besoin de revêtir sa pensée, pour la faire mieux comprendre ou mieux pratiquer. Les grandes œuvres industrielles qui avaient exercé une si grande influence sur son départ pour l'Égypte, étaient ajournées ou arrêtées. Méhémet-Ali avait préféré le barrage au percement de l'isthme, et le barrage allait être abandonné, tandis que la mission orientale des compagnons de la femme se terminait par la rentrée en France de la plupart d'entre eux, sans que la mère eût répondu nulle part à leur invocation. En face de ces mécomptes, Enfantin, sans être ébranlé dans sa foi, sentait la nécessité d'aviser et de mettre en jeu toutes les forces de sa puissante intelligence. Aussi disait-il à Mlle Saint-Hilaire, dans une lettre du 6 janvier 1835 :

« Je suis en ce moment à une de mes époques

d'évolution; je suis plus rêveur que fixé; je sens quelque chose dans l'air, comme à l'approche de toutes nos grandes phases. »

Les ravages de la peste, en janvier et février, continuèrent d'assombrir le ciel d'Enfantin. Un de ses enfants, Fourcade, fut atteint par le fléau, en donnant des soins aux pestiférés. Une nouvelle lettre, adressée le 22 février à Mlle Saint-Hilaire, renferme de tristes détails sur la mort de ce jeune médecin, et aussi sur la panique qui régnait alors en Égypte et surtout au Caire :

« Malgré mon vif désir, disait Enfantin, de ne pas vous laisser longtemps sans nouvelles, vous et Duguet, j'en ai été empêché par mille circonstances, qui enchaînaient ma plume. Ma première raison, c'est bien qu'il n'y a eu qu'un seul départ de bâtiment, et encore impromptu, sans dire gare; mais la plus forte après, c'est que ne recevant aucune nouvelle de France, depuis l'arrivée de Rogé et autres, et n'ayant ici que des choses ébauchées et rien d'achevé, j'attendais toujours; enfin, au risque de laisser dormir ma lettre à la poste, il faut de force vous écrire; notre position ici doit tellement vous inquiéter! — Elle est grave; le pauvre Fourcade vient d'être immolé par la cruelle maladie, quoiqu'il y ait très-peu de malades au Caire;

mais il était médecin de l'hôpital où on les transportait, et quoiqu'il n'ait pas commis d'imprudence (j'apprends qu'il avait fait l'autopsie d'un cadavre de pestiféré quelques jours auparavant), il a été pris. Ce triste événement a été pour plusieurs un sujet de réflexion et surtout de résolutions promptes. Beaucoup de quarantaines commencent; Linant y est déjà; Soliman-Pacha s'y prépare; beaucoup vont faire comme le grand pacha et gagner la haute Égypte. Je me suis décidé à ce dernier parti. Nous nous embarquons demain avec Lambert, qui est nommé définitivement directeur de l'école des mines avec appointements de 9,000 fr. par an, et qui est chargé d'explorer la chaîne arabique, puis plus tard la Syrie. Tous les consuls partent ou sont déjà partis à la suite du pacha, ainsi la société ne manquera pas là-haut, et si la maladie fait des progrès au Caire, nous y verrons bien d'autres voyageurs. Alexandrie est fortement travaillée par la peste, pourtant elle ne frappe pas sur la colonie européenne qui est, il est vrai, toute en quarantaine; les Maltais et le prolétaire arabe sont seuls atteints; au Caire je ne crois pas qu'il y ait dix cas connus, et dans les villages qui avoisinent il n'y a rien du tout. Cependant le nom de peste porte avec lui un tel effroi que toutes les relations changent quand il est prononcé ; c'est le moment de triomphe pour l'égoïsme, il commande et règne en maître ; chacun pense à soi et s'isole dans le plus petit cercle possible ; c'est une immense parole de Dieu que ce mot-là.

» Hier je suis allé avec Lambert dire adieu aux capitaines et à Linant ; ils ont fait des travaux vraiment superbes ; leurs plans et devis sont achevés et dignes d'être mis sous les yeux des plus grands maîtres. Nous leur apportions cette triste nouvelle, à eux qui ont amené ici ce pauvre garçon. Hoart va écrire à Marie et la charger de la délicate mission d'annoncer ce douloureux événement. Fourcade avait pris ici une excellente position ; Clot déjà le considérait comme le seul de ses subordonnés sur lequel il pouvait entièrement compter ; il l'avait fait nommer directeur de l'hôpital d'Abouzabel. Dans sa courte maladie, Clot a été d'ailleurs plein de zèle pour lui ; il l'a saigné lui-même deux fois, l'a visité sans cesse, l'a palpé, tourné avec courage et dévouement ; le brave Ollivier et Maréchal ont été ses gardes-malades assidus (gardez ceci pour vous afin de n'effrayer personne sur eux). Aubert (Roche), jeune médecin, républicain échappé au procès monstre, l'a veillé et soigné comme un frère ; le premier jour on avait eu espoir ; le second tout était perdu, et en soixante heures environ de maladie il n'était plus.

» Notre caravane de mineurs se composera d'une dizaine de personnes, en trois barques; nous remonterons d'abord assez haut par le Nil, puis nous nous dirigerons vers la mer Rouge, pour la suivre presque jusqu'au bout, et nous redescendrons ensuite, visitant le versant de la montagne que nous n'aurons pas vu en allant. Dieu marque souvent nos grands pas par la mort, et c'est au moment même où Lambert terminait son entrée au service du Pacha et l'installation en Égypte du corps des mines, que le pauvre Fourcade se faisait un tombeau de l'Égypte ; et voici que je vais voir Thèbes et les tombeaux des rois, comme s'il fallait que la mort me poussât vers ces ruines, car je croyais presque quitter un jour l'Égypte sans les avoir visitées.

» Depuis le retour de Jallat et Drouot, Petit nous a quittés, retournant vers sa mère et vers Pauline ; Dieu le conduise ! Hier David et Granal jeune sont également partis pour la France, prenant la même route que Petit, la Syrie. David s'est trempé dans le soleil d'Orient assez pour en être imbibé intérieurement, mais il avait beau se presser et se tordre ici, il ne coulait rien. Je compte sur les mains françaises, elles sauront exprimer de ce gentil enfant le suc qu'il a puisé ici.

» Lambert et Soliman-Pacha écrivent en France; ce dernier au ministre de l'intérieur, Lambert au directeur général des mines (Duguet aura copie) pour demander un ingénieur des mines, collègue de Lambert ici. Après le retour de Drouot, vrai coup de tête de jeune homme, cette demande paraîtra plus remarquable. Le départ de Drouot a été, comme il était facile de le prévoir, un aiguillon pour la conclusion plus rapide ici de ce qui concernait les mines, voilà son avantage ; quant à ses inconvénients en France, je crois qu'ils seront faibles, parce que les faits parlent ici, et que les offres que l'on fait à l'ingénieur qu'on appelle sont satisfaisantes. Lefèvre, frère de Carolus, est employé près de Lambert, ainsi que Gondret qui sera professeur dans son école de Boulac, tandis que Lefèvre voyage avec Lambert. Rogé et Yvon seront professeurs de musique à l'école de cavalerie de Gizeh.

» L'affaire de Busco est toujours en suspens, peut-être pour longtemps, du moins avec le gouvernement. Massol n'est pas placé ; Génevois non plus ; celui-ci, et peut-être tous deux, iront dans la haute Égypte avec nous, ou du moins à côté de nous. Maréchal et Ollivier sont également sans emploi, mais non sans services connus, vous le voyez par leur présence chez Fourcade. Suzanne va demeurer chez le père Dussap ; le général projette pour Clorinde un commencement de pension de jeunes filles, il n'y en a pas eu encore ici, et cela pourrait prendre une grande et très-utile extension. Clara Charbonnel est partie pour Candie avec Charpin qui y est médecin. Agarithe vient de faire un voyage à Alexandrie avec une dame du Caire qui y va au-devant de sa fille venant de France. Alric et Achard sont professeurs de dessin à Abouzabel.

» La maladie entrave et va entraver toutes les affaires ici. Des nouvelles de Constantinople dont on n'a pas encore les détails, mais qui parlent de révoltes, d'émeutes, absorberont tout ce qui restera d'activité sociale aux hommes de ce pays en ce moment, les travaux du barrage s'en ressentiront. Certainement, ainsi pensai-je que Dieu ménage quelque chose de grand pour le monde, qui le fera sortir de la stagnation où il paraît plongé et qui réparera les pertes qu'il fait actuellement. Pour moi, ma vie depuis quelque temps est plus que jamais livrée à une attente presque nonchalante et quasi insoucieuse, certain que je suis qu'elle ne peut tarder à recevoir le souffle qui doit la remettre en énergique activité.

» Une lettre aussi pour mon père. — A Adèle et à Arthur ce que vous croirez leur être doux.

» P. ENFANTIN. »

Le lendemain Enfantin écrit à son père :

« Vieux Caire, 23 février 1835.

» Père, quelques mots, pour que tu ne sois pas trop mécontent de moi, malgré ma paresse à écrire. — Tu te rappelles qu'Auguste et ma mère me nommaient M. Prudent; je tiens à ce nom, et je pars pour des lieux où la peste ne va jamais. Cette vilaine maladie me fait faire là un voyage superbe; je vais voir les grandes ruines, le désert, les montagnes et la mer; et si nous ne trouvons pas en route des mines d'or, j'ai bon espoir que nous rencontrerons du charbon et du fer, ce qui vaut encore mieux que l'or et l'argent aujourd'hui. J'ai Lambert pour compagnon, tu l'aimes et seras content de l'apprendre; nous avons un excellent guide, connaissant à fond tous ces pays, et notre caravane sera de dix personnes, sans compter les domestiques et chameliers.

» Lambert est définitivement employé, il a pris la place que d'autres n'ont pas voulu accepter; il montrera ce que peuvent une volonté soutenue, inébranlable, un profond désir de rendre de grands services au pays qu'on adopte de cœur.

» Le pacha, les consuls étrangers et beaucoup d'autres personnes sont déjà parties et partent chaque jour pour la haute Égypte. Si la maladie augmente au Caire, presque toutes les personnes riches partiront et Soliman sera du nombre; il est toujours pour nous une véritable providence et nous aime, comme nous l'aimons, toujours de plus en plus. Adieu, Père, si tu écris à Romans, donne à Eugénie et à Thérèse un souvenir bien tendre d'amitié. — P. ENFANTIN. »

Dans les premiers jours de mars, Enfantin et ses compagnons de voyage respiraient l'air salubre de la haute Égypte. Une note de lui, datée du 2 de ce mois, porte ce qui suit :

« Nous sommes partis le 1er mars pour aller visiter le fayoum avec Lambert, Massol et Génevois. M. Drovetti n'était pas chez lui ; nous y fûmes pourtant bien reçus par ses gens; nous y restâmes le 2, visitâmes Medinet et repartîmes le 3 pour Benisouef. J'écrivis le 2 au soir à M. Drovetti une lettre de remercîments pour l'hospitalité, et de regrets pour ne l'avoir pas trouvé. »

Le 11, il écrivait de Benisouef à Soliman-Pacha, au Vieux-Caire :

» Mon cher général, voici le Kachef qui arrive et qui nous délivre d'une attente qui commençait à être un peu longue.

» Nous avions toutefois consacré trois jours à une petite course au Fayoum ; un autre jour nous avons vu MM. Mimaut et Lubert; le reste du temps s'est passé à chasser, lire et écrire.

» J'ai vu construire ici une caserne de cavalerie qui m'a paru être faite d'après le plan que Bruneau avait fait sous votre inspiration; je vous en préviens par ce qu'il me semble que le plan que vous m'aviez demandé était pour Benisouef, et que vous aviez trouvé des inconvénients à ce qu'il fût exécuté tel que je l'avais fait.

» Le voyage nous va supérieurement à Lambert et à moi ; nous sommes déjà un peu noircis et changés aussi par nos coiffures. Lambert a fait raser sa tête de serpent, moi j'ai coupé mes cheveux et pris aussi le tarbouche. — Lubert avait une petite barbe très-coquette, coupée en collier; il n'a pas eu le temps de faire connaissance avec le beau sexe d'ici, qui n'est pas très-beau (je vous prie d'en prévenir Beaufort, en cas de mission que vous lui donneriez près du régiment de cavalerie); mais vous aurez appris sans doute que les deux libertins qui accompagnent M. Mimaut (Lubert et M. Steyer) ont manqué se faire une affaire grave avec les maris jaloux de Thoura, il y a eu un coup de fusil de tiré, et le mari tireur de coups de fusil a reçu les coups de courbache : c'est trop juste; la chose est officielle, je la tiens de M. le consul général de France... et de Navarre.

» J'écris presque comme le maréchal, mon cher général ; c'est que nos bouts de chandelle éclairent assez mal et que nous sommes dans le coup de feu du départ de la flotte. — P. ENFANTIN. »

Le 27 avril, lettre d'Enfantin à M. Mimaut, consul de France à Luxor :

« Carnac, 27 avril 1835.

» Mon cher monsieur, malgré mes progrès en arabe, je ne sais si j'ai parfaitement compris les deux fellahs qui m'ont apporté votre parole. Je crois qu'il s'agit de lettres que vous avez reçues pour moi ou de papiers que vous voulez bien me communiquer, et d'une invitation à dîner pour y recevoir ces lettres ou y lire ces papiers. Mille petits obstacles d'intérieur s'opposent à ce que je puisse vérifier moi-même aujourd'hui si ma traduction est fidèle, et je vous prie, si vous avez des lettres pour moi, de vouloir bien les remettre à mon domestique. Si ce sont des nouvelles de France ou du Caire et non des lettres pour moi, demain, si vous le voulez bien, j'irai en prendre connaissance en dînant avec vous, m'autorisant de l'invitation *permanente* que vous avez bien voulu me faire dès votre arrivée ici.

» Mille amitiés à Lubert auquel je recommande les petites courses du matin à Carnac ; dites-lui que puisque le soleil lui fait un peu peur, il trouvera de l'ombre, des œufs et du lait dans mon ermitage.

» Recevez, mon cher monsieur, l'assurance de mon bien sincère attachement. — P. ENFANTIN. »

Le 2 mai, nouvelle lettre d'Enfantin à Soliman-Pacha, au Caire :

« Carnac, 2 mai 1835.

» C'est dur, mon cher général, après avoir compté si fermement vous embrasser ici, d'y renoncer et de vous savoir, vous et tout ce qui vous est cher, retourné dans ce maudit pays empesté. J'espère encore que le départ du Pacha pour Jaffarieh vous aura laissé le loisir de reprendre votre projet de voyage et que nous vous verrons avant peu.

» Peut-être n'avez-vous pas su que j'avais quitté ici notre bon serpent, et que je l'avais laissé continuer son voyage, restant seul à Carnac au milieu des ruines et des Arabes, admirant les unes et aimant les autres, cherchant à savoir la langue de ceux-ci, sans vouloir déchiffrer les hiéroglyphes de celles-là.

» J'ai des nouvelles fréquentes de Lambert ; les dernières sont du 25; il partait le lendemain d'Edfru pour le désert, sans nouvelles de M. Aymes ; il avait vu Beaufort toujours malade de sa dyssenterie à Assouan.

» J'ai reçu également des lettres de Petit de Beyrouth; il partait le 13 mars pour Livourne, et me demandait de vous dire toute sa reconnaissance et son attachement, ajoutant qu'il attendait d'être en France pour vous écrire.

» Tous les deux jours je vois M. Mimaut et Lubert, et chaque fois ce sont de nouvelles plaintes entre nous sur votre retour inopiné au Caire.

» Je vous ai demandé dans une de mes précédentes lettres, mon cher général, une ou deux boîtes à capsules, je suis à sec complétement; je n'ai mangé jusqu'ici pas d'autre viande que le produit de ma chasse : cailles, tourterelles, pigeons et lièvres abondent. Mais aujourd'hui j'ai bien d'autres demandes à vous faire, grâce à mon séjour impromptu ici que j'ai l'intention de prolonger longtemps encore au-delà du mois de juin. Je joins à cette lettre une note que je recommande à votre bonne et infatigable amitié et aux soins obligeants de M. Brun, et je ne m'excuse pas de vous importuner ainsi, afin que vous ne vous fâchiez pas contre moi.

» Je vous prie de faire adresser tout ceci à Ismaël, aganazir à Luxor (c'est l'autorité du pays), pour remettre à *Aboudounié*, car on ne me connaît ici que sous le nom que vous m'avez donné. Notre nasir est un Arabe dont nous sommes tous contents ; il a un esprit fin et de grands égards pour les Francs, surtout pour les Français. Beaufort, que nous attendons sous peu, va loger chez lui. Je crois que ce brave nasir serait très-sensible à un mot écrit par vous, en lui envoyant ces objets que je vous demande, et qu'il y verrait une vraie récompense des bonnes attentions qu'il a eues pour moi et qu'il aura pour Beaufort.

» J'ai pris une petite maison à Carnac, c'est la plus jolie, mais je vous assure que ce n'est pas beaucoup dire. J'y suis bien, et j'aurais bien voulu vous y recevoir en bédouin et non en pacha.

» Je cherche ce qu'il faudrait vous dire pour vous décider à quitter le Caire en ce moment... car je souffre de vous savoir dans cette vilaine ville ; mais vous avez dû tellement peser les motifs qui vous ont retenu que je ne saurais vous faire qu'une prière, c'est de nous donner ou faire donner le plus souvent possible de vos nouvelles.

» Adieu, présentez, je vous prie, mes hommages à Mme Marie, donnez un baiser à chacune des deux petites fillettes, amitiés à Mme Rogé qui partage je crois votre quarantaine, et un bon souvenir au brave général Edham-Bey qui, m'a-t-on dit, occupe une de vos maisons. Adieu, excellent ami, je vous embrasse.

» Aujourd'hui anniversaire de naissance de Lambert; pour fêter ce jour je vous embrasse encore pour lui, je lui écrirai, ce sera son bouquet.

» Ci-joint une lettre pour les capitaines, que je vous prie de leur faire passer. — P. ENFANTIN. »

Voici cette lettre :

« Carnac, 1er mai 1835.

Aux capitaines Hoart et Bruneau, au barrage.

» Chers capitaines, lorsque je vous quittai, Hoart me demanda de vous écrire, des ruines de Memphis ou de Thèbes; je suis à Thèbes.

» Le 4 avril j'ai laissé Lambert continuer son voyage; les vieux temples d'ici m'ont séduit; ma *superstition* a vu un signe dans le nom même de l'une des villes ruinées qui gisent sur les ruines de Thèbes (Médinet Abou), ma résolution n'a rien d'ailleurs qui doive te surprendre, mon cher Hoart, après notre grande conversation du barrage, et je n'ai pas besoin d'ajouter pour vous qu'elle a été prise de concert avec notre bon Lambert, heureux de m'avoir conduit à ma Thébaïde. — Je suis à Carnac, j'ai une petite maison assez propre et pour domestique le frère de notre brave Osman que j'ai laissé à Lambert. Je suis en vrai fellah, en chemise longue de toile, tarbouche et tête rasée, humant ce chaud soleil qui me noircit comme un Nubien et humant encore plus l'arabe que je bavarde autant que je peux et même que j'étudie.

» Le fusil de Linant m'est d'une précieuse utilité, il me nourrit en partie, je ne vis guère que de gibier et de lait, de lait surtout ; il est mon compagnon de promenade et mon gardien. M. Mimaut qui est venu s'établir à Luxor est aussi un vrai gardien de ma solitude ; il a établi sur cette rive une quarantaine assez sévère qui me délivre des visites des voyageurs ; je le vois assez souvent et suis bien aise de cette circonstance qui nous a rapprochés. Avant cette quarantaine, j'avais vu quelquefois M. Fresnel qui habite l'autre rive, et qui a eu la complaisance de me prêter quelques livres pour mon étude d'arabe, mais maintenant nous sommes séparés pour quelque temps.

» Ne vous étonnez pas si je ne vous dis pas les pensées qu'inspirent nos ruines, ces pensées sont longues à naître et ne se font que comme se sont faits les temples eux-mêmes, avec du temps. Toutefois Hoart sait avec quels sentiments je suis venu; et (comme dans le reste de ma vie) les pressentiments ne me sont point trompeurs; je trouve ici ce que j'y étais venu chercher, l'isolement d'un monde où ma présence était devenue inutile et souvent nuisible et où je ne dois reparaître que désiré, appelé, soit pour mes services passés, soit pour la nouvelle forme que j'aurai donnée à ma vie. J'étais las, vous le savez, d'être si souvent obstacle là où je voulais être instrument, et d'exciter des susceptibilités ombrageuses là où j'aurais voulu faire naître une affection dévouée; je souffrais de n'être qu'un lien indirect et mystique entre des personnes que j'aurais voulu lier comme des nœuds d'acier pour leur bonheur et le bonheur du monde; et cette nécessité de constante diplomatie et de serpentage m'usait jusqu'à la corde le cœur et le corps. Enfin Dieu a encore envoyé la mort frapper le tamtam à mes oreilles. Fourcade, comme Bouffard, comme Talabot, comme ma mère a été un signal, et quittant encore une fois *le vieux monde des mourants* je suis venu ici *saluer les morts.*

» Capitaine Hoart, ton cœur de chevalier et ta tête pensive ont été saisis à l'aspect de Malte, et moi qui n'avais vu encore que des temples chrétiens, que mon orgueil d'*homme du peuple* avait admirés comme l'œuvre d'une pensée et d'un acte *populaires*, j'ai senti à la vue de ces rois colosses et de ces temples gigantesques, où les rois seuls et leurs dieux semblaient devoir se promener, et qui n'ont été faits que pour eux et presque par eux, j'ai senti que le sang de Charlemagne qui coulait dans les veines de Saint-Simon n'était pas celui du plus grand *roi* des temps passés, du despote le plus gigantesque; et j'ai admiré cette sculpture qui pose un géant au milieu d'un peuple de nains, chacun de ces nains représentant non un roi, mais un peuple vaincu, et tous ces nains suspendus par un fil à la main du géant qui se joue de leur vie; voilà un roi.

» Les *peuples* qui ont élevé à *leur Dieu* nos cathédrales d'Occident, et les *rois* qui ont bâti pour *eux* et pour LEURS DIEUX les temples d'Egypte, construiront-ils bientôt le Palais de Dieu, du Roi et du peuple? Temple, palais et théâtre à la fois.

» J'ai avec moi les trois grands livres, Moïse, Jésus, Mahomet, et quelques-uns des nôtres aussi, mais je ne puis plus lire et écrire, je suis à l'*a b c* de ma langue actuelle, l'arabe; je l'étudie à fond et suis assez content de moi; je sens que soit ici, soit dans d'autres lieux, j'aurai besoin du signe que connaît la moitié du globe et que moi qui n'ai pu apprendre aucune langue d'Occident que le français, je *dois* savoir l'arabe. Cette étude sera longue sans doute, mais je ne vois pas aujourd'hui qui me presse ; lorsque la voix du monde m'appellera, de quelque côté qu'elle parte, je saurai lui répondre. Actuellement j'ai justifié les prophéties de tous ceux qui, depuis les premiers dissidents jusqu'à Fournel, ont affirmé que je serais conduit à la solitude; à l'âge où Mahomet commença sa mission j'ai déjà achevé la moitié de la mienne, commencée à l'âge où Jésus fit la sienne, et je demande à Dieu les vieux jours qu'il donna à Moïse afin de parcourir dans une seule vie les trois mondes qu'il a faits pour l'homme.

» Écrivez-moi à Thèbes par l'entremise de Soliman-Pacha, donnez-moi quelques nouvelles de vous et de France, parlez-moi de Linant et de sa famille, de vos travaux, de l'influence que le fléau actuel pourra exercer sur eux. Dites-moi surtout que votre situation avec Linant est telle que nous la désirons, intime et franche, et qu'il sent sa vie liée à la nôtre, comme nous l'avons sentie nous-mêmes, Lambert et moi, du jour où nous avons vu en lui un souvenir vivant de notre cher Talabot.

» Adieu, chers capitaines, serrez la main à Linant pour moi; dites à Prax que je lui conseille de faire comme moi et de profiter de sa position pour apprendre à lire, à écrire et à parler l'arabe; il est très-bien placé pour cela; dites-lui aussi un mot d'amitié plus explicite, quoique je pense qu'il trouvera dans la phrase qui précède un témoignage suffisant de mon affection.

» Adieu, chers et vieux camarades, je vous embrasse. — P. ENFANTIN. »

Le 28 mai, Enfantin écrit de Carnac, à Lambert, à Cosseïr :

« J'espérais que ta lettre m'apporterait aussi des nouvelles de France; c'est te dire que j'ai moi-même peu de chose à t'écrire sur ceux que nous aimons là-bas; je n'ai pas reçu un seul mot dans trois courriers successivement arrivés chez M. Mimaut, et sauf quelques faits politiques assez graves, que je te dirai plus tard, je n'ai que les tristes nouvelles du Caire à te donner.

» Voici d'abord les plus mauvaises. Alric est mort; le Père Dussap a perdu sa fille, lui-même est en ce moment très-malade; Suzanne a eu la peste et a été sauvée, comme tu le verras par sa lettre de convalescence qu'Ary m'a apportée; il est ici avec M. Delon; le Père Dussap était resté au

Caire. Notre petit domestique de chez le général Soliman, est mort, ainsi que quatre matelots de sa barque; il est en quarantaine dans une île vis-à-de Choubrah. Des renseignements par voie indirecte, mais trop circonstanciés pour ne pas être vrais, nous font regarder la mort du bon et brave Brun comme certaine; il était venu à Sivut depuis le retour du général au Caire, pour y prendre de l'argent chez le moudir, sur qui Soliman avait une délégation.

» Voici une lettre de Lachèze :

» A Luxor sont en ce moment, outre le consul, Beaufort, Barral, Fortin, Portalis et Artaud, Delon et Ary, c'est une vraie colonie française, ce qui m'empêche de trouver en ce moment, ici, une partie de ce que je croyais y trouver de suite, la solitude.

» Beaufort a enfin coupé hier sa dyssenterie avec de l'opium.

» Dans la maison du Père Dussap étaient Maréchal, Gondret, Bernard; Cognat était en quarantaine avec Alric et Agarithe à Khanka; pas de nouvelles d'Ollivier, mais je le crois à Alexandrie où la mortalité est presque finie. Yvon et Roger et Machereau à Gizeh, dont je n'ai aucune bonne ni mauvaise nouvelle. Rien de Linant et des capitaines.

» Nouvelles politiques (jusqu'au 10 avril, de

Paris). Le ministère Wellington est à bas; lord Grey est rappelé pour composer un nouveau cabinet; la réforme marche vigoureusement; O'Connel grandit chaque jour énormément d'influence; l'union avec la France de plus en plus intime, et renforçant d'autant plus le ministère français recomposé de MM. Broglie, Guizot, Thiers, et ayant pour ministre de la guerre Maison, provisoirement remplacé par De Rigny. Thiers a présenté sa loi sur les chemins de fer (particulièrement celui de Paris au Havre). Son exposé des motifs est très-beau, c'est du *Globe* et du Flachat et Lamé tout craché : *Théorie* et *exécution*, c'est calqué sur Michel et sur l'ouvrage des trois ingénieurs; le système méditerranéen y figure convenablement.

» Le duc de Leuchtenberg, mari de la reine de Portugal, est mort, dit-on, empoisonné. Tu as su probablement la mort de l'empereur d'Autriche, qui ne change rien d'ailleurs à la politique européenne pour le moment.

» Rien de nouveau de Syrie, et je crois aussi rien de mauvais de ce côté.

» Merci au Kachef pour sa poudre, car celle d'ici est mauvaise et coûte cher, deux terribles défauts.

» Tu as fait un assez rude voyage, cher enfant, et cette initiation de l'autorité te coûte un peu cher;

mais c'est bon, c'était indispensable, et tous s'en trouveront bien. Tu me dis que travail et plaisir sont chacun à leur poste, mais je n'ai pas compris les *travaux* scientifiques de plaisir, et je crois que je n'ai pas été compris non plus; si c'est des jeunes ingénieurs qu'il fait sa société, et non des chameliers et domestiques, qui selon moi, lui vaudraient beaucoup mieux.

» J'ai eu, il y a huit jours, une de mes petites indispositions nerveuses qui a été un peu plus tenace qu'à l'ordinaire; l'absence des nouvelles de France y est pour beaucoup, car j'attends d'elles une inspiration qu'elles doivent faire éclore sous le chaud soleil de Thèbes, inspiration que je crois bien ici, mais qui a besoin d'une fécondation étrangère.

» Dis à Osman que je suis toujours content d'Achmed, et j'ai presque toujours chez moi Abdel Latif, qui sera un bon scheick ahlem un jour; il travaille beaucoup.

» Tu ne me dis pas s'il faut donner un bouchis à l'Arabe qui a apporté ta lettre, ce qui me gêne un peu; je m'en tirerai, je crois, en ne lui donnant presque rien, par plusieurs bonnes raisons.

» Je suis toujours dans la même intimité consulaire, intimité purement de position, et sur laquelle je ne fais pas plus de fond que de raison, mais qui pourtant m'est agréable comme symbole, et qui aura même certainement de bons résultats, indépendants de ma volonté et de mes actions, et de la prévision même de ceux qui agiront.

» Je pense que les mauvaises nouvelles que tu me donnes de Suez vous retiendront quelques jours de plus à Cosseïr, mais dans tous les cas vous n'arriverez à Suez qu'à la fin de juin.

» La caisse de vin muscat m'a été bien utile dans mon indisposition nerveuse, je l'ai entamée seulement alors, et je la réserve pour ces mauvaises occasions; mon rhum est encore presque intact.

» M. Fortin, qui entre en ce moment chez moi, me charge de vous saluer.

» Beaufort doit venir passer quelque temps avec moi; mais il est dans ce moment tellement esclave de son estomac glouton, qu'il ne sait pas se décider à quitter la table de M. Mimaut pour la mienne, quoique la première soit éminemment dangereuse pour lui.

» Je ne vois plus, ou presque plus qu'à de très-longs intervalles, le nom de Guéroult dans *le Temps*. Duveyrier a fait une pièce (*le Monomane*) qui a dû être représentée à la Porte-Saint-Martin vers le 10 avril, et sur le succès de laquelle je n'ai rien. Mme de Bawr (femme de Saint-Simon) a fait une comédie *aux Français*, qui a un grand succès. Mme Sand a fait paraître son autre roman, puis quelques articles ou nouvelles; il m'a semblé qu'elle feuilletonnait aussi pour *le Temps*, où Sainte-Beuve écrit aussi. — Léopold Robert, grand peintre qui donnait de hautes espérances, s'est suicidé à Venise. Pas de nouvelles de Michel dans les *Débats*, ce qui me fait croire à son retour prochain, c'est le moment, vu la loi sur les chemins de fer.

» Ta lettre est du 24, ma réponse du 28, et tu la recevras le 31, à ce que me promet le Bédouin. C'est aujourd'hui l'*Ascension;* depuis trois ans nous avons vu passer ce jour plusieurs fois avec espoir qu'il avait pour nous un sens prophétique; ta lettre renouvelle cet espoir et je l'accepte, car je n'ai pas cessé d'être un homme d'espoir, quoique les lenteurs que Dieu nous envoie aient modéré beaucoup mon ancienne ardeur sous ce rapport, et m'aient donné une patience que quelquefois je trouve presque exagérée.

» Adieu, cher enfant, amitié à tes compagnons; je t'écrirai au Caire par le retour des habitants de Luxor; tu y trouveras des lettres de moi à ton arrivée, et tu ne manqueras pas toi-même de m'écrire dès que tu auras embrassé Soliman.

» Adieu. — P. Enfantin. »

« Je n'ai pas écrit en France, toujours même impuissance de le faire. »

Le 12 juin, nouvelle lettre du maître à Lambert, dans laquelle Enfantin, après l'annonce des pertes douloureuses que la peste vient de faire subir à la famille saint-simonienne, se croit obligé de modérer l'exaltation religieuse de son disciple chéri.

» Toujours tristes nouvelles, cher ami, le Père Dussap est mort, Lami et Maréchal aussi; Gondret seul, de tous ceux qui fréquentaient cette malheureuse maison, n'a pas été atteint; la pauvre Suzanne a été d'une grande vigueur dans toutes ces circonstances : garde-malade partout. Bernard, qui était aussi dans la maison du P. Dussap, a été atteint et sauvé. Clorinde, chez le général, a été également touchée et guérie, le général a perdu sa fille noire. Pas de nouvelles d'Ollivier, mais les lettres d'Alexandrie sont très-bonnes; les dernières du Caire annoncent qu'il n'y a plus que cent cinquante personnes par jour. Je n'ai pas reçu un mot ni du Caire, ni de France, depuis que je suis ici.

» Voici la lettre de Lachèze; ton homme était si pressé de partir que j'ai fait cette erreur.

» Ta résolution arabe me fait plaisir; Lefèvre est un *instructeur*, il est à toi ce que tout instructeur est à Soliman-Pacha; ce que tu t'es résolu à faire, Soliman ainsi que Linant l'on fait et y ont été contraints; d'ailleurs tu ne t'es pas choisi cet adjoint européen, il t'a été donné, très-providentiellement sans doute, mais ce ne serait qu'en te formant volontairement un état-major européen que tu pourrais donner un ton convenable *franco-arabe* à ton entourage, et jusque-là occupe-toi seulement de prendre toi-même ce ton.

» La situation du brave Génevois m'afflige; je crains que le reste du voyage ne soit bien dur pour lui. J'espérais bien que tes rapports avec Massol auraient bonne tournure; amitiés à tous deux.

» Si quelque chose dans l'esprit de ta lettre si bonne et si tendre pour moi me paraît à reprendre, c'est un ton général un peu hors du CALME que ma mission est de rappeler à tous. Je dirais presque, si ce langage n'avait pas un côté ridicule dans ma bouche, qu'il y règne une *exaltation religieuse* trop grande, du moins pour la mission que tu accomplis en ce moment, pour l'initiation que tu reçois, pour la *préparation* que Dieu te donne. Je dis préparation à dessein, parce que je ne puis pas croire que Dieu frappe si rudement ce pays, pendant que nous y sommes, et tandis qu'à l'abri de son épée nous en voyons les coups, sans que ceci n'annonce le moment où nous aurons enfin, pour ce pays et pour le monde, un rôle *actif* à jouer dans la régénération des peuples; or c'est dans ce moment qu'il nous faudra un coup d'œil sûr (tu as bon œil malgré tes ophthalmies), un jugement prompt (tu passes pour bonne tête), et un sang-froid imperturbable. Ta communion en ce moment avec des Arabes auxquels tu commandes, l'obligation où tu es, en ta qualité de chef, d'avoir l'œil sur tous et à tout, ont pour but de te donner ce sang-froid que la mer et le désert doivent développer. Je n'adopte donc pas comme excuse de ton vif épanchement, et le désert et la mer, et toute autre chose; vois tout ce qui t'entoure comme je te le conseille, et *nous* nous en trouverons bien. Je dis *nous*, et voici pourquoi :

» Je pense qu'à ton arrivée au Caire (que pourtant tu ne dois pas hâter pour cela), tu auras à m'écrire, et que soit par la France, soit par l'Égypte, soit par tout autre lieu du globe, il se montrera quelque signe divin qui me retirera de ma solitude des vieux tombeaux de Thèbes. Tu m'enverras donc un courrier avec quelque argent à toi si tu es en fonds, ou à Soliman à qui tu en demanderas *pour moi*, si tu n'en as pas; ou bien à Hoart et Bruneau; si depuis notre absence Linant a eu le bon esprit de se conduire avec eux comme il le devait et comme ton exemple le lui indiquait. L'Égypte surtout, je le répète, me paraît prête à un enfantement dont les rudes douleurs viennent de se faire sentir au Caire ; elle est épuisée par la longue gestation à laquelle Dieu l'a condamnée depuis vingt ans, mais sa nature est puissante ; d'un autre côté l'Europe a tellement besoin qu'on la détourne de la route où la France et maintenant l'Angleterre l'entraînent, qu'il n'y a plus de temps à perdre pour ébranler le monde par un de ces événements qui l'agitent sur tous les points.

» Fourcade, Busco, Lami, Alric, Maréchal, morts au Caire, c'est un douloureux mystère, dont Dieu ne me révèle pas le sens apostolique, et qui fait encore tomber sur nos têtes bien des larmes de mères, de sœurs, de femmes ; quand donc donnerons-nous la vie ? et ce vieux père Dussap qui a été pour nos enfants une si bonne providence, le voilà qui nous laisse un enfant dans l'avenir duquel je ne puis rien lire encore, quoique Dieu l'ait envoyé à moi aujourd'hui.

» J'ai revu ici Gleyre qui t'aime profondément et m'a chargé de le rappeler à ton souvenir ; il quitte M. Lowel en Nubie, et partira pour l'Abyssinie avec l'Anglais qui est avec eux. C'est un brave garçon que, j'espère, nous reverrons. M. Fortin est également repassé ; c'est un homme abîmé, détruit par Coïssin, et qui pourtant a quelque chose encore qui sent la vie.

» Tôn courrier est très-pressé, j'abrége.

» Portalis et Artaud repartent aujourd'hui. M. Mimaut ne peut plus retarder, quoiqu'il soit presque ce que dit Ballanche de Napoléon, le génie du retardement. Avec lui partira Beaufort qui n'est pas guéri, mais qui pourtant est mieux ; il est venu passer la journée d'hier avec moi. Alors je serai tout seul (Fresnel part aussi bientôt) et tête à tête avec les Pharaons.

» Ma santé est excellente, sans aucun accident. Je continue à faire quatre ou cinq heures de course par jour, matin et soir, et à vivre très-sobrement.

» Mahmoud-Bey, Kourchid-Bey et Abd-Effendi ne sont pas morts ; il n'y a, je crois, aucun turc marquant. Les écoles qui ont été en quarantaine n'ont eu aucun mal (Giseh, Thora et Kaw et Ayn), grand argument en faveur de la contagion, et qui fait d'ailleurs honneur à la surveillance des directeurs Varin et Seguera.

» Bonjour à ce bon Osman qui est bien le prêtre de la famille ; son frère Achmed est un vrai païen, Labd-el-Latif un savant, un sage qui étudie

toute la journée, et qui aime la lecture et la prière comme le chant, la danse, etc.

» Un mot d'amitié à Schafi, remercîments à Lefèvre pour la fleur d'orange et au Kachef pour ses peignes qui viennent à temps, car le mien est bien ébréché. A Génevois et Massol tout ce que ton amitié pour moi fera passer de bon par ton canal, de moi à eux.

» C'est Péreire (Émile) qui fait le chemin de fer de Paris, du moins la soumission et l'ordonnance sont en son nom.

» Adieu, cher enfant; du calme, cher ami; je t'embrasse. — P. ENFANTIN. »

Un nouveau coup vint frapper Enfantin dans ses affections de famille; le 24 juin, il apprit, à Thèbes[1], que son vieux père, Barthélemy Enfantin,

1. Le 14 juillet Enfantin écrivait à M. Mimaut, consul général à Alexandrie :

« Mon cher monsieur, les habitants de Gourna travaillent à force depuis que la liberté du commerce a été proclamée; j'ai déjà fait une visite pour connaître les résultats de leurs fouilles, il n'y a d'intéressant que deux momies (l'une ayant quatre caisses, l'autre trois) qui ont été trouvées dans un même tombeau, mais un tombeau très-bourgeois sans ornements, sans peintures, situé dans le bois de la montagne. Ce sont d'ailleurs des momies de femmes; les caisses sont dans un superbe état de conservation, mais celle qui contient la momie n'a pas été ouverte devant moi. On m'a montré en outre un papyrus également bien conservé, mais trouvé aussi sur un mort vulgaire et où je n'ai pas vu avait cessé de vivre. Ayant à répondre, ce même jour, à madame Petit qui réclamait son intervention dans le règlement qu'elle avait à faire avec les personnes chargées de la liquidation financière de la société saint-simonienne, il s'exprima de manière à faire comprendre qu'il ne s'abusait pas sur

signe de grec. Il y a encore, avec les deux momies, quatre petits vases de momies d'Ibis, Chacal et compagnie. Tout cela ne mérite pas trop votre attention. Cependant, au train dont vont les travailleurs, je crois que sous peu de temps ils auront des objets intéressants. J'écris aujourd'hui à M. Elias Issa, et je lui demande si vous l'avez autorisé, dans le cas où je ferais des acquisitions pour vous, à m'en faire les fonds; si vous ne l'avez fait, et si vous n'envoyez pas bientôt quelqu'un chargé de votre firman et devant faire fouiller Thèbes pour vous, veuillez donner cet ordre à M. Issa ; mais je vous engage fort, si vous trouvez à Alexandrie ou au Caire, quelqu'un d'intelligent pour ce travail, à commencer promptement. Je crois qu'il sera bon de recommander à votre homme de profiter d'abord des fouilles faites par les fellahs, avant d'en commander lui-même, car la chose la plus délicate me paraît être le choix des lieux à fouiller, et il faut un grand tact et une assez longue habitude du pays pour faire ce choix et ne pas entreprendre des fouilles nulles ou pauvres; un seul tombeau comme ceux de Biban et Melouck vaut mieux que mille momies d'obscurs Thébains. — Les fellahs ont des prétentions fort élevées pour leurs momies, mais le commerce ne tardera pas à faire tomber leurs prétentions; ma première visite, sans rien acheter, et l'absence complète des voyageurs, qui se prolongera sans doute cette année à cause de la peste, enfin la misère de ces pauvres gens et la crainte de voir recommencer le monopole du pacha les mettant à votre discrétion. — A Karnac rien de nouveau, si ce n'est que votre eau admirable de Lougsor et les bons soins de Lubbert ont fait disparaître en une nuit le mal d'yeux que j'avais le jour de votre départ. »

le terme prochain de l'apostolat régulier et partant sur la probabilité de sa rentrée dans le monde.

« Thèbes, 24 juin 1835.

» Madame,

» Je reçois aujourd'hui seulement, disait-il, votre lettre du 3 février et j'apprends en même temps la mort de mon Père. En vous répondant, je vous demande à l'avance, si ma lettre ne remplissait pas vos désirs, de faire la part du moment pénible où je l'écris.

» Certainement, les tourments que je vous vois éprouver pour vos affaires, et la démarche que vous faites envers moi, et les projets de poursuites dont vous me parlez contre des hommes qui nous sont chers, sont pour moi de nouveaux motifs d'examiner le rôle que je dois jouer en tout ceci, et pourtant je n'ai pas pu concevoir comment j'aurais à prendre une part active, de Thèbes, dans une affaire dont je m'étais abstenu lorsque j'étais à Paris.

» J'espère que l'arrivée de notre cher Alexis près de vous facilitera la conclusion heureuse de ces pénibles procès, mais quant à ce qui peut le concerner dans ces affaires, je le prie de relire ma correspondance avec lui et Fournel sur ce sujet; quoique déjà assez ancienne, je l'ai assez présente pour ne rien trouver aujourd'hui qui soit de nature à me la faire modifier.

» Vous-même, madame, me dites que vous ignorez ce que vous demandez de moi, mais vous attendez une aide, et c'est en qualité de *femme* que vous la réclamez. Comment vous expliquer, madame, que c'est à ce titre surtout que mon instinct et ma raison se refusent invinciblement à agir? Ce qui vous semblera peut-être un démenti donné par là à ma vie passée et à mon espoir connu, est au contraire pour moi une affirmation nouvelle de ma foi, car Dieu ne m'a pas conduit de solitude en solitude jusqu'à celle de Thèbes, pour que de là, je porte à mille lieues de moi et au milieu des hommes un secours à des êtres que j'ai bien proclamés esclaves et mineurs, mais que je n'ai pas puissance de délivrer; surtout, vous le dirai-je encore, tant que les femmes elles-mêmes ne verront que des *beaux côtés* dans l'œuvre que j'ai accomplie. Pour faire ce que j'ai fait jusqu'ici, il a fallu que ma foi en Dieu se manifestât surtout par ma foi en *moi*, qui me permit de braver jusqu'au bout l'oppression de *tous;* cette foi m'a conduit *ici*; j'y suis seul; elle m'a laissé dans le monde seul de ma famille, laissant mourir loin de moi mon vieux père et m'exposant même à vos reproches pour ma conduite envers lui ; reproches que vous avez pu démentir quand vous fûtes mieux instruite, mais qui n'en sont pas moins presque universels. Aujourd'hui donc cette foi en moi est épuisée, quant à mon action sur le monde ; elle suffit pour me nourrir, dans ma solitude, de mes espérances et pour soutenir la patience avec laquelle j'*attends* que le monde à son tour joigne sa foi à la mienne, mais elle ne me donne pas la force et ne m'impose pas le devoir de porter aide et secours là au contraire où se trouve la force et la puissance. Je ne suis pas chevalier des femmes, je les ai *appelées* à une vie nouvelle, je crois que c'est à elles à la *conquérir*, si mon appel n'a pas été seulement un beau rêve d'homme.

» J'aurais bien désiré, madame, qu'au moment même où je complétais cette solitude dont je vous parle, en poussant vers vous notre enfant, celui de tous les miens qui m'a fait la plus intime et la plus fidèle compagnie ; j'aurais bien désiré, dis-je, que vous n'eussiez pas, d'un autre côté, par moi ou par *nous*, des ennuis, et je compte beaucoup sur le retour d'Alexis pour vous en distraire et les faire cesser. Je compte aussi sur lui, qui a été si bien à même de connaître à fond ma vie, pour atténuer la première amertume que vous trouverez dans cette lettre, et vous aider à comprendre les motifs qui la dictent. Pour moi, agir dans cette affaire autrement que je ne l'ai fait jusqu'ici, ce serait marcher dans une vie toute nouvelle, où j'espère bien entrer ; ce serait faire un pas vers le monde ; certes, je le désire ; mais ce que j'ai fait pour lui me rend difficile et peut-être exigeant sur la forme que j'attends qu'il emploiera quand il me rappellera vers lui, et je ne me sentirai de force pour marcher à lui, que lorsqu'il me la donnera lui-même par sa foi dans ma foi, par son amour pour Dieu que je lui ai fait connaître.

» Embrassez, je vous prie, madame, Alexis pour moi, et recevez la nouvelle assurance de mon sincère et respectueux attachement. — P. ENFANTIN. »

Quand Enfantin disait que sa foi en lui était épuisée, cet aveu d'impuissance personnelle ne s'appliquait évidemment qu'aux grandes œuvres du moment, dont il avait entrepris ou espéré la réalisation immédiate tant dans l'ordre moral que dans l'ordre industriel. La mère n'avait pas répondu à son attente, Suez était ajourné et le barrage délaissé. Mais tous ces mécomptes qui l'empêchaient de croire autant qu'il l'avait fait à cette réalisation immédiate, sous sa direction personnelle, ne lui enlevaient rien des espérances qu'il avait fondées sur l'avenir de ses idées, sur la conversion plus ou moins lente du monde aux croyances dont Saint-Simon, à son lit de mort, prédisait le triomphe.

XXXII

(1835)

(Fin.)

Vers ce temps, Enfantin, qui avait désiré connaître par Henri Heine l'état intellectuel de l'Allemagne, reçut de l'illustre poëte une lettre à laquelle il s'empressa de répondre :

A HENRI HEINE.

« Lorsque je témoignai le désir de connaître par vous l'état actuel des esprits en Allemagne, je n'espérais pas, je l'avoue, une réponse aussi prompte et aussi étendue ; je ne pouvais m'attendre surtout à une forme aussi agréable. Merci, vous avez pensé qu'éloigné comme je le suis de presque toutes les personnes que j'aime, et souvent encore poursuivi jusqu'ici par le retentissement des injures que le monde européen m'a prodiguées, vous avez pensé qu'un témoignage public de sympathie me serait doux ; vous ne vous êtes pas trompé, encore une fois, merci.

» Je n'ai reçu que depuis mon retour au Caire, il y a quelques jours, votre ouvrage ; je l'ai lu aussitôt, et malgré tout le plaisir qu'il m'a causé, il me laisse un vide que vous seul pouvez combler ; je m'explique :

» J'ai passé en revue avec vous tous les grands noms philosophiques de l'Allemagne ; mais tous ces noms sont du passé pour moi ; c'est une *histoire*. Tous ces hommes ont accompli leur tâche ; tandis qu'il en existe aujourd'hui qui commencent la leur, et qu'un œil comme le vôtre doit reconnaître dans la foule, il y a de jeunes hommes en Allemagne auxquels le public n'a encore décerné que médiocrement les outrages ou la gloire, qu'il ignore même, et qui cependant portent en eux l'avenir. Il y a en Allemagne les frères de ces jeunes hommes avec lesquels vous aimez en France à communier, et ces frères sont réciproquement inconnus les uns aux autres. C'est à vous à unir leurs mains et à poser sur leur tête un signe qui les fasse se reconnaître ; ce ne sera plus de l'histoire, ce sera de la politique vivante que vous ferez, ce sera de la religion ; et ici votre tâche sera plus douce, car vous aurez bien plutôt à signaler les éléments du progrès que les instruments du retardement. Vous ferez œuvre de poésie descriptive, plutôt qu'œuvre de critique philosophique, vous vous ferez moins craindre mais plus aimer.

» Ne redoutez pas surtout de hasarder des prophéties sur l'avenir de quelques jeunes âmes que le monde ne connaît point et qui s'ignorent elles-mêmes; avec le sentiment du progrès qui est en vous, vous pouvez vous laisser aller à vos sympathies. Ceux que votre cœur désignera, n'attendent peut-être que votre parole pour avoir foi en eux-mêmes, et les erreurs que vous pourriez commettre dans ces canonisations anticipées, n'ont pas les inconvénients qu'elles auraient en France; la consciencieuse modestie des allemands a besoin de ce secours, inutile et souvent dangereux pour l'assurance française.

» Voyez à quoi vous vous êtes exposé, mon cher monsieur, en me dédiant votre Allemagne; vous m'avez fait désirer, et je demande encore une prière.

» Après ces deux volumes spécialement consacrés à la philosophie dogmatique, littéraire et religieuse, je pense que vous vous proposez d'en écrire d'autres sur la situation politique, morale, artistique et industrielle de l'Allemagne. Ici peut-être n'aurez-vous pas un type commun, comme Spinosa, auquel vous pourrez rapporter tous les progrès; ce ne sera plus un *homme*, un *héros*, ce seront des masses, ce sera le PEUPLE qui vous servira de mètre, de criterium, et c'est aussi à lui que vous vous adresserez; c'est sa langue que vous parlerez, comme c'est aux philosophes que vous venez de parler, et dans leur langue. En d'autres termes, le panthéisme dont la traduction en langue politique est : *Association des peuples entre eux, et de l'humanité avec le globe*, le panthéisme est-il entré dans les masses, et s'il y est, n'a-t-il pas besoin d'excitation puissante pour s'y développer? les œuvres d'*art* et d'*industrie*, la *morale* et la *politique* portent-elles de plus en plus son cachet, comme la philosophie? Je le crois, mais il serait bon d'en donner les preuves. Or je conçois deux sortes de preuves pour atteindre un pareil but, la preuve que je nommerais preuve de *droit* et la preuve d'art que je nommerais preuve de *fait;* la première basée sur les *traditions*, l'autre sur les *espérances* populaires; l'une *racontant*, l'autre *imaginant* le marche du peuple vers le panthéisme politique et industriel; toutes deux exprimant la transition du patriotisme à la philanthropie, et de l'exploitation du globe à l'association avec le globe; toutes deux fondues dans un drame vivant, palpitant, *présent*, qui serait de toutes les preuves la meilleure.

» Je crois que jusqu'à présent on n'a pas religieusement utilisé pour l'Allemagne le grand drame napoléonien, et c'est par là surtout qu'il serait beau de rectifier, de transformer Mme de Staël, de lui succéder.

» Vous êtes parti de Luther, et vous finissez par M. Cousin; vous ami du progrès, vous deviez finir par Napoléon, ou au moins vous devez recommencer par lui, par son époque, par son *peuple*. Je dis par son peuple, parce qu'il n'y a plus de difficulté à faire adopter aux Allemands un étranger, Descartes ou Spinosa par exemple, pour initiateur, voire Napoléon, quoiqu'un empereur passe plus difficilement qu'un philosophe; mais reconnaître un *peuple* comme inspirateur, c'est très-difficile, si j'en juge par votre prophétie sur la révolution allemande, et vos conseils à la France en pareil cas, que je ne prends cependant pas à la lettre. Or nous marchons vers l'association des *peuples*, et il s'agit d'y contribuer, comme vous venez de travailler à celle des philosophes français et allemands.

» Voyez votre belle décomposition de la philosophie cartésienne ou française, en philosophie anglaise ou allemande, toutes deux résumées ensuite par le Grand Juif. Un Juif initiateur des chrétiens! ç'aurait été, au moyen âge, un blasphème pour lequel vous auriez été brûlé; aujourd'hui peut-être seriez vous brûlé en effigie dans quelques universités allemandes, si vous dites que les Français ont initié l'Europe au panthéisme, en politique et en industrie ; mais parmi toutes les vérités, celles qui donnent à leurs apôtres un peu de martyrs ne sont pas à dédaigner.

» Je reviens au drame que j'ai nommé napoléonien, pour conserver la forme aristocratique que vous avez adoptée, en prenant des hommes pour tête de chapitre. Aujourd'hui, dis-je, ce sont des *peuples* qu'il faut faire entrer en famille, comme vous avez fait pour Descartes, Locke, Leibnitz et Spinosa, tous de nations différentes, et pour tous les autres philosophes que vous avez fait descendre de la triple source cartésienne. Ce sont des peuples, par conséquent le drame napoléonien s'appellerait plutôt révolution française, révolution européenne, universelle, panthéistique. Or, révolution française, en politique et en industrie, c'est Luther en religion et en philosophie, et vous voyez que là, ce n'est plus un homme, c'est un peuple qu'il faut prendre. Comment par la révolution française, le panthéisme politique et industriel est-il né, et se répand-il en Allemagne? Quels rôles remplissent l'Autriche, la Prusse, et les États dits Confédération du Rhin, dans l'assimilation de cette vie nouvelle? Dans quels lieux et comment, la politique, les mœurs, l'industrie et l'art s'emparent-ils des sentiments panthéistiques qui viennent d'éclater en France?

» En effet, la révolution française est bien l'expression humaine, populaire, vivante, de la foi panthéistique de Spinosa, non dans sa partie pratique et destructive, mais dans sa partie théorique. Philanthropie, association entre les peuples, liberté des échanges, tolérance religieuse, voilà ce que tout le monde rêve au milieu des échafauds, de la guerre, du maximum et de l'incendie des couvents et des églises.

» Cette contradiction entre le rêve et la réalité, entre la théorie et la pratique, et même (soit dit en passant pour que la manière dont j'ai parlé du spinosisme n'induise pas à erreur) cette contradiction est une preuve de l'imperfection du panthéisme éminemment théorique, éminemment philosophique et non religieux de Spinosa; imperfection qui consiste dans le peu de place qu'y occupe, si même il s'y trouve, le sentiment de *hiérarchie*, l'appréciation des *différences*, la distinction du *bien* et du *mal*, imperfection qui le rend impropre à la pratique, à la politique, parce qu'il n'implique pas autant l'idée d'*ordre* que celle de *liberté*, parce qu'il n'engendre directement que celle d'*égalité*, les différences devenant des infiniment petits négligeables.

» Mais ne discutons pas ici le spinosisme; du panthéisme confus au panthéisme ordonné, il y a toute la distance qui sépare les mots philosophie et religion, et j'admets qu'on peut être très-utile aujourd'hui en se tenant dans ou du moins *sur* les limites de la philosophie.

» Revenons encore à notre révolution française.

» Vous vous rappelez peut-être que, dans *le Globe*, nous avions ainsi caractérisé la classification des trois grands peuples européens, en les rattachant à notre trinité, *religion*, *science*, *industrie*, savoir : la France, l'Allemagne et l'Angleterre; et nous en avions conclu une division de travail dans la grande œuvre du progrès humanitaire. Une décomposition semblable de la famille allemande me paraît devoir être faite, si l'on ne veut pas tuer l'Allemagne, en cherchant à l'emprisonner dans l'unité *confuse* à laquelle conduirait le vieux patriotisme germanique des écoles; et c'est en appréciant la forme sous laquelle, dans chacune des parties de l'Allemagne, le panthéisme de la révolution française s'est introduit et propagé, que cette classification trinaire pourrait être faite. — Peut-être vais-je blesser vos sympathies, en vous disant, sous ce rapport, mon opinion; mais vous connaissez plus que moi l'Allemagne, vous rectifierez ce que vous croirez une erreur.

» Luther avait commencé la Réforme en Allemagne, l'Angleterre fit ensuite la sienne, puis vint la France, et pourtant la France me paraît répondre au mot religion, l'Allemagne à la science et l'Angleterre à l'industrie; Luther fit une réforme plus théorique que pratique, l'Angleterre fit le contraire, mais la France fit une vraie *révolution*, morale, politique, religieuse.

» Et cependant la France a dû paraître bien arriérée aux Allemands, alors qu'elle massacrait et chassait les huguenots, ou même alors qu'elle se couvrait du manteau troué de Bossuet pour cacher son timide protestantisme. Elle devait paraître bien servile aux Anglais, alors qu'elle pliait encore devant un despote, et que la tête d'un roi tombait à Londres sous la hache du bourreau. Eh bien, malgré tout cela, la France un beau jour a brisé tous les trônes, et a fait des écuries, des greniers à foin et des casernes de ses églises.

» De même c'est à l'Autriche que je donne le rôle sacerdotal, parce que c'est elle qui a réellement *gouverné* l'Allemagne pendant et depuis la révolution française; je le lui donne précisément parce qu'elle a résisté à l'envahissement des idées révolutionnaires, dont les autres États allemands sans elle, seraient enivrés. En fait, c'est M. de Metternich et la diète autrichienne de Francfort qui, au dehors et au dedans, ont conduit les destinées germaines, comme la France, par Bossuet et Louis XIV, avait conduit les destinées chrétiennes et monarchiques de l'Europe, à travers Luther et la révolution anglaise; par Bossuet, le premier et le plus grand *juste milieu* du monde; par Louis XIV, colossal *révolutionnaire* qui a tué la féodalité dans la noblesse bien plus radicalement que n'ont pu le faire l'Angleterre et l'Allemagne.

» Voyons donc d'un peu haut l'Autriche, regardons au loin dans son avenir, et ne la jugeons pas trop sur des apparences; mais surtout ne prenez pas les analogies que je viens d'établir pour des identités, car il ne s'agit pour l'avenir ni de hache de bourreau ni de torche de sans-culotte.

» L'Autriche va sortir de son sommeil apparent; c'est en elle que gît la *moralité* allemande, la vie du Saint-Empire. Ce n'est que lorsqu'elle aura une *foi*, une *volonté*, que l'Allemagne tout entière pourra marcher d'ensemble, avec unité; jusque-là tous les efforts très-louables d'ailleurs des autres membres de l'unité germaine seront désordonnés et sans grands résultats ; ce sont les oscillations des bras et le balancement des jarrets, mais ce n'est pas le saut que le corps germanique doit faire.

» L'Autriche est dépositaire de l'ordre, de la hiérarchie, du sentiment du devoir, et surtout de celui de la paix, elle n'a besoin que de les transformer, tandis qu'en Prusse et sur le Rhin il faut les faire renaître, ils y sont morts ; et je me réjouis de voir que la Bavière pourra donner, la première, la main à l'Autriche, quand il en sera temps, grâce au mouvement catholique qu'elle manifeste.

» Et, si pour confirmer ces idées, pour lesquelles je ne me suis appuyé que sur notre Europe, telle qu'elle était au traité de Westphalie, j'agrandis la scène ; si je lève le rideau qui nous sépare du Nord et qui nous cache le soleil d'Orient ; si j'entre dans la politique du grand continent européen, asiatique, africain, dites, ne sera-ce pas l'Autriche qui, de toutes les puissances d'Allemagne, devra jouer le grand rôle dans cette immense politique? Or c'est là la politique panthéistique vers laquelle nous marchons, et dans laquelle les petites politiques des nations viendront éteindre leurs mesquines jalousies.

» Si nous reconnaissons que le dogme de la liberté et de l'égalité est incomplet, imparfait pour diriger les peuples, bénissons donc l'Autriche d'avoir résisté comme elle l'a fait à l'envahissement de ces idées purement révolutionnaires, et de les avoir repoussées même dans un Joseph II; bénissons la patience sublime de ce peuple qui revenait sans cesse se faire sabrer par la révolution incarnée dans Napoléon, et ne se lassait point de son humiliation et de ses défaites; bénissons l'Autriche de ce qu'elle donne un noble asile aux derniers représentants du droit féodal, à nos vieux Bourbons, car Dieu n'a pas dit encore son dernier mot sur la forme de la transaction par laquelle l'humanité annule un vieux *droit* et lui en substitue un nouveau; bénissons-la enfin de ce qu'elle a passé par dessus les Alpes une main pesante qui comprime les peuples d'Italie, et les empêche de se poignarder. Entourée de nations où fermente la liberté, sa voix calme et grave répète sans cesse : Enfants, vous n'aimez pas l'ordre, vous n'êtes pas mûrs pour la liberté.

» La guerre contre la sainte alliance, contre la diète de Francfort, contre l'obscurantisme des cabinets, me paraît donc chose usée, du moins pour les hommes de forte trempe; il est bon sans doute qu'il y ait encore une masse de publicistes quoti diens et autres qui criaillent sur ce ton, comme il était bon que plusieurs criassent contre les jésuites et pour les biens nationaux, sous la Restauration; mais c'est une petite guerre et une triste chanson: Dieu ne distribue pas aveuglément la puissance dans le monde, et il ne la jette point devant nous, seulement pour que nous la foulions aux pieds; l'homme religieux ne saurait trop s'appliquer à découvrir pour quel but Dieu la donne, et à manier et à perfectionner l'instrument qui la renferme, et non à la briser.

» L'Autriche est donc, selon moi, le centre, l'*âme* de la vie allemande, et la Prusse savante en est l'*intelligence*, tandis que les *bras* de ce grand corps s'étendent le long du Rhin. A la Prusse le sentiment de l'*unité*, aux États du Rhin la *multiplicité*, aussi ces derniers sont-ils constitutionnels, tandis que la Prusse reste encore monarchique, malgré ses théories de liberté, parce que l'unité est sa première condition d'existence. Au nord la science et surtout le *perfectionnement* de la science; à l'ouest l'industrie, la pratique et particulièrement aussi l'*enseignement* de la science; au centre et au midi, l'amour, la religion, la musique et la paix. Oui, c'est parce qu'elle est conservatrice des sentiments sociaux, généraux, religieux, politiques, pacifiques, harmoniques, que je place l'Autriche, entre tous les États allemands, comme la France entre l'Angleterre et l'Allemagne; la France qui n'a pas pu se faire protestante comme l'Allemagne, parce qu'elle est trop universelle; la France qui ne saurait vivre longtemps du régime constitutionnel, comme l'Angleterre, parce qu'elle aime le grand, le beau, la gloire, et que le parlementarisme ne donne qu'un juste milieu entre le grand et le petit, le beau et le laid, la gloire et le déshonneur, et de même l'Autriche, avec un instinct sublime, et plein de prudence, de raison, de bonhomie, l'Autriche n'a pas encore pu croire que les jeunes gens des écoles, et les avocats et les médecins, et les beaux parleurs des salons connussent mieux les besoins des peuples et entendissent mieux la politique européenne, universelle, que M. de Metternich et tous ses vieux diplomates et administrateurs, nés, élevés et blanchis dans les affaires.

» Je me laisse aller beaucoup plus loin que je ne pensais, en causant avec vous, mon cher monsieur, et pourtant je crains, le sujet est si vaste, d'avoir été obscur, comme il m'est arrivé d'autres fois, m'a-t-on dit. Je sens surtout combien tout ceci est incomplet pour rendre la pensée qui m'agite, et que je crois utile de vous dire.

» Une autre forme rendra peut-être plus claire cette pensée.

» M. de Talleyrand a vu à la fin de sa carrière, se réaliser le rêve de sa vie, l'union de la France et de l'Angleterre; c'est un intérêt commun qui les lie et les force à la paix. L'union de la France et de l'Allemagne est un but digne d'émouvoir aujourd'hui l'ambition des hommes politiques; aussi beaucoup s'en occupent; mais par cela seul qu'on ne sent pas, en général, que c'est avant tout, l'Autriche qu'il faut lier à la France, on se consume en efforts qui seraient souvent de nature à retarder plutôt qu'à hâter cette union. Ainsi, montrer, comme vous le faites, la communion de *doctrine* du nord de l'Allemagne avec la France, et faire sentir, comme l'ont fait bien d'autres, la communauté d'*intérêts* des États du Rhin et de la France, c'est pour le but dont je parle, faire comme nos ultras et nos libéraux français, qui auraient volontiers porté une armée française en Irlande, pour sauver son catholicisme et son indépendance, et qui, par la profession de pareilles sympathies, servaient momentanément l'Irlande, il est vrai, mais nuisaient indirectement à l'union de la France avec la Grande-Bretagne. Je sais bien que les praticiens politiques, plus prévoyants que les théoriciens, sentent parfaitement que l'union avec l'Autriche est plus importante que l'union avec la Prusse et tous les petits royaumes du Rhin ; mais leur erreur est de penser qu'ils pourront parvenir à cette union par le même moyen qui a déterminé celle avec l'Angleterre, par l'intérêt, et cette erreur leur fait commettre un véritable *non-sens*. Ainsi ils lui font peur tant qu'ils peuvent du *barbare du Nord*, oubliant que ce barbare est précisément, aux yeux de l'Autriche, le défenseur des grands principes sociaux, ordre, autorité, religion, et que, selon elle, Dieu n'a donné place à la Russie, dans la politique européenne, que pour sauver le monde de l'envahissement de l'anarchie, de la démocratie, de l'athéisme. Non, ce n'est pas par un *intérêt* commun, c'est par un *devoir* commun qu'on peut s'unir avec l'Autriche; il faut parler à son *âme* éminemment prudente et sage, et non à sa *bourse;* car son peuple jouit de plus d'aisance que le peuple anglais, et ses grands ne sont pas avides comme des lords.

» Vous qui vous sentez mission de contribuer à l'union de ces deux grands peuples, hâtez-vous d'aborder, vous poëte, un sujet où votre verve puisse se prendre et votre âme se peindre ; quittez les bancs et les chaires de la philosophie ; ce n'est pas là que vous devez reprendre et continuer Mme de Staël; faites-nous connaître le cœur de l'Allemand et non les mystères de sa pensée; osez dire bien haut les vertus de ce peuple sage, laborieux, économe, bon, éclairé, que Napoléon et nos libéraux nous ont tant appris à regarder comme des automates ignares, abrutis par le despotisme. Parlez-nous de son beau fleuve, de sa riche terre, de ses tranquilles villages, de ses mœurs si simples, si patriarcales, depuis l'empereur jusqu'au paysan; rappelez-nous les traditions de grandeur et de dignité de ce Saint-Empire, qui sont encore vivantes, tandis que partout ailleurs disparaissent la grandeur et la dignité; dites à tous les hommes qui aiment l'harmonie, ce qu'ils doivent espérer d'un peuple qui a enfanté Gluck, Haydn, Mozart et Beethowen, d'un peuple qui a mêlé à son sang, dans ses veines allemandes, tant de sang poétique de l'Italie et de l'Espagne, d'un peuple qui a si longtemps porté sur sa tête l'une des deux couronnes du monde chrétien, et qui malgré Luther, malgré Napoléon, la conserve encore. Alors vous aurez le droit de vous faire écouter, même à la diète de Francfort, quand vous réclamerez pour le brave kaiserlitz, un peu plus d'indépendance, de liberté. C'est si beau un peuple qui, à cette époque où toutes les bases de l'ordre social ont été ébranlées, fouillées, bouleversées, a conservé sa vieille foi tant qu'une nouvelle croyance n'est pas venue le saisir au *cœur;* un peuple qui sait tout ce que l'*intelligence* et la *force* de l'homme ont fait pour détruire l'édifice du passé, mais qui n'ayant pas vu qu'une âme élue de Dieu ait inspiré et dessiné le plan de l'édifice nouveau, garde prudemment son vieux château gothique et sa vieille cathédrale qu'il préfère encore à nos maisons bourgeoises et à nos salles de députés. C'est beau comme de Maistre, comme Bonald, comme Chateaubriand et Lamartine; lorsque nous rêvons avec ces grands poëtes, de même que lorsque nous suivons le Danube, nous rencontrons, jusque dans la plus petite masure, une famille, une religion, une autorité; nous, pauvres orphelins, qui n'avons plus de chefs, de Dieu, de Père.

» Je serais heureux si je parvenais à vous faire partager le sentiment que m'inspirent de pareils hommes, un pareil peuple, car vous savez assez que je n'ai pas plus que vous le désir de voir régner dans l'avenir la morale, la religion et la politique du passé; mais je me crois seulement juste et vrai quand je les admire encore aujourd'hui, et je crois même que c'est un bon *calcul* de chercher à les convertir plutôt qu'à les écraser [1]; de plus forts que nous à détruire ont essayé et n'ont pas pu; construisons donc sagement, et pour cela employons les bons matériaux du passé, ceux sur lesquels la massue et la hache ont passé et n'ont rien fait; ce serait folie de ne pas en tirer parti, et surtout de perdre son temps à vouloir les réduire en poussière. Je me crois seulement juste et vrai, dis-je, et tant qu'on ne sera pas juste et vrai avec l'Autrichien, on n'aura pas prise sur lui; vérité, justice, franchise sont des vertus innées chez lui, remarquez-bien que je dis l'Autrichien en général et que je ne tiens pas compte de quelques jésuites ou commissaires de police de chancellerie, qui d'ailleurs sont souvent des étrangers.

» A propos de justice, êtes-vous *bien certain* que M. Schelling soit un homme vendu?

» J'aurais mieux aimé à croire que M. Schelling, comme quelques autres philosophes, s'était aperçu, en s'occupant un peu plus de la *pratique,* que sa philosophie ne tenait pas toujours assez compte d'un élément très-important dans les affaires humaines,

1. Voyez comment Chateaubriand s'est converti, comment Lamartine se convertit chaque jour; est-ce parce qu'on leur a fait peur, ou parce qu'un intérêt matériel les pousse? Non; c'est parce qu'ils ont du cœur, et qu'ils aiment la gloire; on a parlé à leur cœur et on leur donne ce qu'ils aiment.

du temps. Chose curieuse, il semblerait que les savants, les théoriciens, hommes de l'esprit, de la pensée, du nombre, du *temps*, devraient être moins *pressés* que les praticiens de voir réaliser des théories; pas du tout. Je crois pourtant qu'il en sera ainsi un jour, mais à une condition, c'est qu'avant toutes choses, ils croiront, comme Lessing, à la *vie éternelle*. Aujourd'hui cette croyance est rare chez les philosophes, aussi lorsqu'en entrant aux affaires ils s'aperçoivent des impossibilités pratiques de leurs systèmes, déroutés ils se jettent souvent dans l'ornière de ceux qui les ont précédés, n'y marchant qu'au jour le jour et résistant même à leurs anciennes théories; mais cette réaction toute naturelle prouve moins d'égoïsme que d'embarras; elle ne prouve pas surtout qu'on travaille *consciencieusement* à faire le malheur des peuples.

« Puisque j'ai parlé de la vie éternelle, je vous demanderai si vous n'êtes pas étonné, vous qui parlez dans ces deux premiers volumes de religion, de philosophie et de morale, de n'avoir rien dit sur la vie éternelle, sur le d'*où viens-je* et *où vais-je*, sur les récompenses et les peines, en un mot sur le progrès de l'*être*, vous qui parlez si bien du progrès de l'*humanité*. Ah! n'oubliez pas cela quand vous parlerez à l'Autriche; le bon Autrichien repousserait encore et votre philosophie, et votre Dieu, et votre politique, et votre liberté, et vous-même, et il aurait raison.

» Cette digression sur M. Schelling me conduit à une observation plus générale. Vous aimez trop l'Allemagne, mon cher monsieur, et vous m'avez donné à moi-même un témoignage trop certain de votre affection, pour que je puisse craindre de vous blesser en élevant jusqu'au ton du reproche l'opinion que j'émets sur votre ouvrage. Je le ferai donc.

» Non, l'Allemagne n'a pas besoin qu'on neutralise par des *plaisanteries profanes* l'influence de la religion (page 5), c'est par des moyens sérieux, graves, qu'il faut, non pas neutraliser, mais transformer la religion des Allemands; et ce n'est pas non plus par une critique amère d'hommes qui, malgré leurs fautes, ont rendu de grands services à l'humanité, qu'on doit combattre des opinions et des actes qu'on juge rétrogrades, car il n'est presque aucun des hommes ainsi critiqués qui n'ait la conscience de tenir une conduite favorable à leurs semblables, et ils n'ont pas toujours tort. Il est souvent bon, sans doute, d'unir la sévérité à la justice, mais rien ne légitime l'ingratitude : les hommes puissants ne sont déjà pas si nombreux que nous nous empressions d'en rouler une partie dans la boue. Croyez-en, mon cher monsieur Heine, un homme qui a reçu de tous injures et mépris, pour ses travaux, pour sa vie, et qui attend toutefois avec calme la justice du monde; croyez-moi, vous qui êtes un des premiers organes de cette justice, et qui êtes venu guérir une des innombrables blessures de mon cœur; croyez-moi, rien de plus sacré pour l'homme que l'homme lui-même; or, sur les choses sacrées, abstenons-nous de la plaisanterie profane.

» L'homme qui met au pilori voltairien son semblable remplit les fonctions de bourreau, non d'enseigneur, de prêtre, de père de l'humanité; laissons aux enfants du passé les armes que réprouve déjà le présent et que brisera l'avenir. Je vais plus loin, et j'affirme qu'en *thèse générale* il est aussi immoral de dévoiler les fautes et les faiblesses d'un homme puissant, surtout *pendant sa vie*, qu'il était immoral à Rousseau (qui ne se serait pas confessé à un prêtre) de jeter la confession de ses turpitudes à la face du monde, car on écrase ainsi, ou bien on exaspère de fortes âmes, et d'une autre part on répand dans les masses une défiance funeste, on les met en garde contre la science et le génie. Si l'on publiait avec soin tous les noms des malades tués ou estropiés par les Dupuytren, les Dubois, Broussais,

Récamier, nous retomberions bien vite dans les mains des sorcières et des bonnes femmes, et dans tous les cas nous augmenterions nos chances de mort, car le malade qui n'a pas confiance dans son médecin est à moitié mort d'avance.

» Moi qui suis si heureux d'avoir lu vos deux premiers volumes, et qui ai bien su discerner ce que vous avez cru devoir de concession à l'esprit critique de vos lecteurs français et allemands, je vous blâme! c'est parce que je l'espère, vous verrez dans ces reproches une preuve de l'intérêt que je prends à vos travaux et de l'affection que votre délicate et reconnaissante attention pour moi m'a inspirée; c'est parce que j'ai senti votre cœur, dans votre hardie dédicace, que je m'adresse à votre cœur, et que je vous traite comme étant de ma famille.

» Je relis ce que j'ai écrit et je sens la nécessité d'ajouter quelques mots pour expliquer plus clairement ma pensée première, ma *preuve de droit et de fait* historique et artistique, et la rattacher à ce que je vous ai dit de l'Autriche et de la révolution française.

» Une *histoire* de l'Autriche depuis Luther, sa position à l'égard de la Turquie et de la Russie d'une part, de l'autre à l'égard des États européens, cette position de *Saint-Empire* entre le protestantisme allemand, le protestantisme grec et le mahométisme, qui est cause et effet de son immuabilité, n'a pas été jusqu'ici assez appréciée, car si elle l'avait été, il y aurait injustice criante à lui reprocher cette immuabilité qui nous a sauvés tous de l'autocratie mahométane, de l'autocratie russe et même de la théocratie romaine, et c'est encore la persévérante Autriche qui a le plus contribué, de son sang, à vous sauver de l'autocratie napoléonienne.

» Robertson a fait un beau tableau de l'Europe pour écrire son *Charles V;* il faut refaire et continuer ce tableau pour écrire la vie du peuple autrichien au XIXe siècle. Cette *histoire* sera grande comme le *Requiem* de Mozart, car il s'agit d'enterrer dignement le moyen âge, qui a deux tombeaux, l'un à Vienne, l'autre à Rome, et de préluder à sa transfiguration.

» J'ai parlé de l'*histoire*, et j'ai nommé Robertson, comme exemple ; quant à l'art, Schiller a fait *Don Carlos* qui est l'analogue de l'œuvre d'*art* que je conçois. Mais aujourd'hui les formes changent ; il ne s'agit plus, pour le récit, de *Charles V*, pour le *drame*, d'un Posa, ce sont des peuples qu'il faut peindre et mettre en scène à la manière biblique ; c'est la passion (la France) et la sagesse (l'Autriche) qu'il faut incarner dans des masses et non plus dans des hommes.

» Qu'est devenu le *peuple de Dieu* depuis la venue de Jésus? Il est parti avec saint Paul, et s'est emparé du vieil empire romain; puis après sept siècles de travaux inouïs pour pacifier des barbares, il est reparti pour l'Orient, où à la suite de Mahomet il a détruit bien des fétiches et brisé bien des idoles, et après six siècles encore ses tribus s'étant grossies en Orient comme en Occident, il est revenu visiter ses conquêtes d'Occident; infatigable voyageur, en tous lieux il laisse des lévites, et tous, un jour, à un même signe, doivent se reconnaître. Il retrouve ses lévites en Occident qui sommeillent, il les secoue avec Luther, et cherchant toujours la terre promise, il marche, sur les vaisseaux espagnols, portugais, français, anglais, hollandais, à la découverte d'un nouveau monde; là il détruit encore des fétiches et des idoles, et il court en détruire encore en Afrique, dans l'Inde, posant toujours ses lévites en sentinelles chez tous les peuples qu'il visite et grandissant toujours en nombre et en puissance. Enfin il revient encore une fois en Europe, et trouvant de nouveau ses lévites endormis, il sonne un épouvantable tocsin en France, et charge Napoléon de le faire retentir avec le bronze sur toute la terre. *Aujourd'hui l'Orient le rappelle.* Voilà le *Juif-Errant*, mais ce n'est point un homme, il ne se nomme point Ashavérus, il se nomme Israël.

» Je ne voudrais pas que vous vissiez ici une critique de M. Quinet, quoique son Ashavérus ne soit à mes yeux qu'un grand espoir, qu'un essai du génie qui n'a pas encore trouvé son cadre et sa forme; d'ailleurs j'ai vu dans la *Revue des Deux-Mondes* des pages que par réaction, vous lui avez inspirées, et n'eût-il fait que cela, malgré l'excès du sentiment chrétien que ces belles pages renferment, j'espérerais beaucoup de lui et je l'aimerais.

» Mais quels sont les lévites du peuple de Dieu? où sont les oints du Seigneur? où sont les sentinelles haut placées, chargées de la direction des peuples conquis? Comment se nomment les ministres du Très-Haut qui doivent un jour, à un même signe, faire marcher tous les peuples à l'universelle communion? Ils se nomment *prophètes*, mais ils se nomment aussi *rois;* le droit et le fait, le *savoir* et le *pouvoir*.

» Or, voyez comme les chrétiens ont fait peu de chose en Europe tant qu'ils n'ont pas trouvé un Constantin. Voyez comme Luther aurait avorté s'il n'avait pas eu pour lui promptement des têtes couronnées;

voyez même Voltaire sans Frédéric et Catherine.

» Prophètes, que votre voix parvienne à l'oreille des rois si vous voulez affranchir les peuples; depuis trois siècles les prophètes ne veulent être écoutés que des peuples; vrais chrétiens ils négligent ou méprisent les *puissants* de la *terre!* Quoi, Jésus aurait-il raison jusqu'à la fin, et parce que César a porté la glorieuse épée, faut-il donc qu'il meure par l'épée? n'est-il pas déjà assez mutilé par la hache? non, à sa noble vie, nous ne donnerons pas une mort infâme; plus d'échafaud pour Louis XVI, plus de Sainte-Hélène pour Napoléon; le jour de la justice approche; Dieu n'a pas fait tomber toutes les têtes couronnées, parce qu'il ne veut pas faire peser sur l'humanité jusqu'à la fin des siècles, le poids d'immenses ingratitudes...

» Prophètes, songez que les rois de nos jours ne peuvent pas être des David, des Salomon, rois et prophètes à la fois. Ne prenons pas le présent pour l'avenir; il y a encore deux pouvoirs dans le monde, celui des prophètes et celui des rois; eh bien, ces deux pouvoirs ne finiront pas par une bataille, ou bien ils y périraient tous deux, et l'humanité tout entière avec eux, car le vainqueur ne pourrait régner sur l'avenir qui ne veut qu'un maître pacifique et non un bourreau couvert de sang.

» Prophète, relisez le nouveau christianisme de Saint-Simon.

» Je crois qu'alors vous aurez compris mon idée, et que ma lettre souvent confuse et désordonnée sera comme ces préludes bizarres qu'un compositeur exécute avant d'écrire, et dans lesquels un artiste seul peut découvrir et suivre l'inspiration qui anime le musicien.

» Relisez le *nouveau christianisme*, et si vous avez l'occasion de voir Rodrigues et de causer avec lui, je vous engage fort à la saisir.

» Adieu, mon cher monsieur, merci encore une fois; dites à Guéroult, je vous prie, combien je lui sais gré d'avoir exécuté si heureusement la commission dont je l'avais chargé près de vous. Ne nous faites pas attendre longtemps de nouveaux travaux, car ils sont pour nous de vraies bénédictions de Dieu.

» A travers l'espace, je vous serre bien affectueusement la main. — P. ENFANTIN. »

« Barrage du Nil, 11 octobre 1835.

» *P.-S.* — Je viens de lire, dans la *Revue des Deux-Mondes*, votre préface du *Reisebilder*, elle me fait presque considérer ma longue lettre comme inutile, car cette préface me montre que tout ce que je vous écris était déjà en vous, et que la route que je vous indique, est tout simplement *votre* route; seulement vous attendez le temps opportun pour marcher, et vous faites bien. »

Cette lettre [1] fut écrite à côté du lit de mort de l'un des plus ardents et des plus infatigables apôtres du saint-simonisme. Le lendemain Enfantin écrivait à Arlès, à Lyon :

« Mon cher Arlès, c'est une douloureuse circonstance qui me fait prendre la plume; encore une mort au milieu de nous, et celle-là c'est à moi à l'annoncer à vous et à Decaen. Notre bon et brave Hoart est mort; nous étions près de lui, Bruneau et moi, au barrage où je l'avais reconduit; nous espérions là, pour lui, une facile convalescence. Peut-être ignoriez-vous même qu'il eût été malade, car il n'avait pas voulu qu'on inquiétât ses amis de France en l'écrivant, et pourtant depuis juillet il avait beaucoup souffert, et son corps était épuisé. Après ses immenses et inconcevables travaux, au moment où il lui aurait fallu de l'exercice, des distractions, la quarantaine s'ouvrit comme une prison, et il y fut renfermé près de quatre mois;

1. Quoique les prévisions d'Enfantin à l'égard de l'Autriche soient contredites par les grands événements qui se passent à cette heure en Allemagne, les considérations que sa lettre renferme n'en conservent pas moins leur haute portée. Le livre de l'avenir est toujours ouvert et laisse des pages à remplir.

lorsqu'elle cessa, il prit une dyssenterie qui n'eut pas d'abord un caractère alarmant, mais qui le força bientôt à aller au Caire dans les mains de Lachèze. Peu à peu la maladie prit une tournure plus grave, tous les organes furent successivement attaqués, et le corps déjà usé, ce pauvre Hoart était ainsi miné de toutes parts. Des abcès et une paralysie sur la joue gauche l'avaient horriblement défiguré; ses forces épuisées le quittaient chaque jour, partant au milieu de crises très-douloureuses. Cependant, lorsque je revins de Thèbes, je le trouvai dans une situation meilleure en apparence; il désirait ardemment retourner au barrage, c'était aussi l'avis de son médecin qui nous donnait d'ailleurs peu d'espoir, nous disant que s'il s'en tirait ce ne serait que pour une retraite forcée par la perte d'un ou plusieurs sens. Enfin nous partîmes; les premiers jours furent assez bons, toutefois les forces et l'appétit ne revenaient pas. Un jour une crise nerveuse, assez légère cependant, l'abattit; le lendemain il en eut une seconde qui l'écrasa; puis un jour d'agonie, calme, sans douleurs, au milieu d'un sain délire; enfin, épuisement complet, et la mort (le 12 octobre, à deux heures et demie après midi). Dites à Decaen que, la veille encore, nous parlions avec lui d'Arboras, de la bonne famille de travailleurs qui nous aime tant, de Mme Durval, dont il se plaignait un peu de ne recevoir aucune nouvelle, de Mme Didier et de notre soirée de 1833 où elle nous chantait si gracieusement la jolie prière de David.

» Les premiers mots de Bruneau furent : *puisque Hoart est mort, l'apostolat est fini;* car c'est lui, parmi nous tous, enfants du Père, qui en a parcouru toutes les phases avec le plus d'entraînement et dans toute leur étendue [1]. Ce mot, qui résume la gloire de ce vigoureux apôtre du travail, est en même temps l'expression vraie du fait accompli, car en ce moment, tous les hommes qui se sont dits ou se disent encore mes fils sont rentrés dans le monde, revenant vers lui, de l'avenir où je les avais conduits, afin de l'y mieux entraîner... Moi seul, selon la prophétie de d'Eichthal à Ménilmontant, je reste en dehors de ce monde, ne pouvant m'imposer à lui sans qu'il m'appelle; je suis comme ces hommes marqués au fer chaud du bourreau, seulement ma marque n'est pas indélébile, mais moi je ne saurais l'effacer, je ne *dois* pas l'effacer ; il

1. Michel Chevalier, en apprenant cette mort, à son retour d'Amérique, écrivit à Arlès : « La mort d'Hoart a affligé tous ceux qui le connaissaient. Il était bon et loyal, doux et fier cependant, excellent frère, travailleur infatigable, sachant aussi bien commander qu'obéir, aussi bien agir que parler. »

faut bien un signe visible du monde invisible, un symbole de l'avenir qui vient à la vie; mais je confesse très-naïvement que j'attends avec une immense impatience qu'on vienne frotter cette marque d'une main amie, et que le vieux monde ainsi l'efface ou me la conserve, en la bénissant de son amour [1]. — P. ENFANTIN. »

Les prévisions, les pressentiments exprimés dans la dernière lettre à Mme Petit, se retrouvent ici sous la plume d'Enfantin, et de plus en plus accentués. Il va rester seul en dehors du monde, mais cette solitude ne durera pas longtemps; le monde l'appellera. L'apostolat collectif qui finit avec Hoart doit faire place à un autre apostolat, moins visible, moins saillant, mais non moins actif, et s'exerçant sous une forme qui le fera pénétrer partout et bien haut sans le rendre trop apparent. Ce qu'Enfantin entrevoyait dans l'avenir en fermant les yeux à Hoart, il l'écrivit peu de temps après, dans une lettre à d'Eichthal : « Lorsque notre brave Hoart mourait dans nos bras, dit-il, Bruneau me dit à l'instant : l'*apostolat est fini*,

1. Cette lettre, fort longue, renfermait des considérations et des vues très-élevées sur la politique européenne. Elle sera reproduite intégralement dans la publication de la correspondance.

et il avait à moitié raison, il l'aurait eu tout à fait s'il avait dit : notre apostolat *populaire*, notre appel au peuple est fini ; mais le jour même j'écrivais ma lettre à Heine; ce même jour, je le sentais, l'*apostolat royal, l'appel aux grands, aux princes du monde, commençait.* »

XXXIII

(1836)

Dans sa lettre du 25 octobre 1835, Enfantin avait tracé à Arlès tout un programme de politique française; il lui adressa, le 13 janvier 1836, un tableau dessiné à grands traits de l'état de l'Égypte sous Méhémet-Ali. Ce travail remarquable sera inséré en entier dans la publication de la correspondance. On jugera de son importance par les extraits qui suivent :

« Je vous ai écrit ma précédente lettre, mon cher Arlès, pour ainsi dire comme si j'étais en France, m'occupant beaucoup de votre politique intérieure, et ne mêlant l'Égypte à mes rêves que comme un accident, laissant même planer assez de mystère sur un sujet que ma position, depuis plus de deux ans, doit pourtant m'avoir permis d'observer. Je sens que cette espèce d'omission a dû vous laisser le désir de me voir promptement reprendre la plume, et je le fais, me bornant, pour expliquer mon silence et ma réserve, à vous dire que j'attendais encore quelques faits et quelques renseignements pour parler avec plus de précision et d'étendue.

» Le retour en France de M. de Cerisy; le retrait à Soliman-Pacha de l'inspection générale des écoles, et son envoi en Syrie, d'ailleurs avec force caresses et compliments; le renvoi du général Segnera; la disgrâce complète d'Edhem-Bey, dégradé, ainsi que tous les officiers qu'il avait formés dans son arsenal et ses autres fabriques; la démission donnée au colonel commandant l'école d'infanterie de Damiette (français-musulman qui sert ici depuis quinze ans) et la démolition complète du personnel de cette école, dont tous les professeurs sont démissionnés; les efforts que l'on a faits pour faire renvoyer le commandant Varin qui dirige l'école de cavalerie de Gizeh, efforts qui n'ont pas réussi une première fois, grâce à Soliman-Pacha, mais qui se poursuivent; la réorganisation des écoles, où perce visiblement le désir d'écarter les Européens; un ouvrage commandé par le pacha, écrit sous ses yeux par ses aides de camp, où l'on affecte, à chaque page, de dire que maintenant l'Égypte peut se passer des Francs, le renvoi de beaucoup de chefs ouvriers, anglais et français, enfin la résolution prise, assure-t-on, de ne plus envoyer de jeunes Égyptiens faire leurs études en Europe, voilà le prélude que je mets sous vos yeux, avant d'entrer en matière.

» J'ajoute que, contre l'ordinaire, tous les conseils généraux sont à Alexandrie, quoique le pacha soit ici depuis un mois, et quoiqu'il ait annoncé qu'il partait sous peu de jours pour la haute Égypte. L'année dernière les consuls de France, de Russie et d'Autriche y étaient allés en même temps que lui.

» Enfin, notez encore que le pacha est arrivé ici, d'Alexandrie et du Delta, dans une colère qui n'a pas décessé, qui a été quelquefois près de la fureur, et qu'il a une rage d'économie qui lui a fait faire une vraie révolution dans le personnel administratif, mais révolution qui ne modifie en rien les principes, et qui engendrera, selon toute apparence, plus de vols et de paresse que la forme précédente, l'intrigue ayant généralement opéré toutes ces mutations.

» Et maintenant quelques idées plus générales.

» Dans l'immense conflit de politique européenne dont Constantinople est l'objet, certes, la relation de l'Égypte avec le sultan, et d'une autre part avec les nations européennes, est un point capital. Cela est si vrai que, dans le cas où la Russie s'emparerait de Constantinople, et même dans le cas plus probable et plus sage où, sans en déposséder le sultan, elle voudrait y exercer une influence tout à fait exclusive de l'influence franco-anglaise, évidemment le premier acte de la France et de l'Angleterre devrait être de s'emparer immédiatement d'Alexandrie, de Saint-Jean-d'Acre et de Smyrne, et de réaliser ainsi une pensée qu'aucune forte tête politique en Europe n'a pu abandonner depuis Napoléon.

» Or, avant d'examiner quelle est la situation de l'Égypte avec l'Europe et avec le sultan, il serait bon de savoir d'abord ce que c'est que l'Égypte, et c'est précisément ce que paraissent ignorer parfaitement tous les hommes qui mêlent ce pays dans les rêves politiques qu'enfante la presse européenne. Ainsi on s'occupe beaucoup de savoir si Méhémet-Ali doit ou ne doit pas être légitimé, s'il aime réellement les Francs, si c'est un barbare musulman ou un civilisé civilisateur ; si l'on doit s'allier à lui ou le sacrifier sur le Taurus à son ancien maître. En deux mots, c'est toujours la vieille politique par les *rois*, même chez les hommes qui se prétendent le plus les amis des *peuples* et les ennemis des tyrans. Or, la politique par les rois est très-légitime, à une époque où les rois représentent les peuples, autrement elle est niaise et fausse. Voyons donc le peuple, ensuite nous examinerons en quoi Méhémet-Ali a représenté, représente encore ou ne représente plus le peuple que Dieu a mis sous sa main, et ceci même ne servira que de justification à ce que l'examen du peuple nous aura fait prévoir pour son avenir.

» Si la sympathie européenne s'émeut vivement aux nobles douleurs de la Pologne, l'Égypte ravagée, mangée, ruinée, et ruinée sur la plus riche terre et sous le plus beau ciel ; l'Égypte mise en coupe réglée depuis des siècles par une race éminemment consommatrice, tout à fait improductrice, race pure de *propriétaires ;* l'Égypte tondue jusqu'au sang, elle qui, sur sa belle peau, se plairait tant à voir une riche parure ; l'Égypte conservant sous ce joug de plomb, sous cette guillotine du courbache, sa gaieté, sa douceur, et son inaltérable Allah-Kérim ! l'Égypte qui a déjà ouvert ses bras une fois avec amour à nos soldats incirconcis, comme à des libérateurs, aurait droit, ce me semble, à un intérêt plus vif et plus éclairé que celui qu'elle excite chez nous. Je suis tenté de dire que, *malheureusement* pour elle, ses temples, ses momies, ses pyramidaux souvenirs sont encore trop vivants, parce que nos illustres voyageurs, très-lettrés et beaux connaisseurs, se sont arrêtés avec les Pharaons sur le Nil, sans parler aux fellahs. Passe encore pour la Grèce; que par amour pour son *passé* on ait voulu, *aujourd'hui*, lui donner sa liberté, c'est bien; mais quoique je ne connaisse pas les Grecs actuels, j'affirme que les Égyptiens *actuels* ont moins dégénéré de leurs Pharaons, que les Grecs de Léonidas et d'Aristide, et je me ferais leur champion, même contre le général Favier ou l'excellent juge Dutrône, voire contre d'Eichthal.

» Ce peuple si bon, si gai, notez-le bien, est certainement de tous les peuples du monde le plus éminemment *pacifique* (je parle de l'Égyptien, non de l'Arabe bédouin qui d'ailleurs n'est pas si guerrier qu'on le croit; je pense que je pourrais, sans mentir, y joindre les Syriens de la plaine); il est vrai que c'est celui qui a le moins de raisons pour aimer la guerre; où diable irait-il chercher un meilleur pays que le sien?

» Ce peuple, que j'aime, et ce beau jardin du monde, sont aujourd'hui dans un état de dénûment et de délabrement qui fait mal; depuis quarante ans, depuis que Napoléon l'a visité, il a énormément souffert, mais cette souffrance n'a pas été sans fruit, une main bien vigoureuse a coupé les mille têtes de l'hydre qui auparavant le gardait et le mangeait, mais cette main appartient à une tête qui à elle seule, et pour accomplir cette œuvre de destruction, a mangé mille fois plus encore que les mille têtes de l'hydre; aujourd'hui l'on ne voit plus, comme autrefois, à côté d'un bey cruel et vorace, un bey clément et miséricordieux qui laisse respirer ses villages; l'infortune est à très-peu près la même partout, et sous ce rapport, l'Égypte a conquis l'égalité civile. Ceci n'est pas une plaisanterie, cette commune misère a créé ou recréé une sorte de *nationalité* qui se résume dans l'*unanimité* avec laquelle le joug turc est détesté.

» Je m'arrête sur cette idée qui est capitale et qui doit servir de règle chaque fois qu'on fait entrer le nom de l'Égypte dans des combinaisons politiques. Si cette idée est vraie (et j'affirme qu'elle est irrécusable) c'est une illusion complète de croire au retour des sultans sur l'Égypte, et ceci admis, la question orientale est débarrassée d'une difficulté dont la diplomatie s'occupe je crois outre mesure. Si cette idée est vraie, le peuple égyptien touche à des destinées tout à fait nouvelles, qui diffèrent du passé de toute la distance qui sépare la féodalité de Charlemagne de la monarchie de Louis XIV. Enfin si cette idée est vraie, la race turque ne tardera pas à être déclarée ici, comme en Grèce, comme à Alger, comme dans les provinces conquises par la Russie, déchue de son droit à gouverner des peuples, trop jeunes encore pour marcher sans lisières, mais qui repoussent les langes dont les Turcs veulent continuer à les garrotter : car déjà ce n'est plus la race turque, c'est *un* turc qui règne.

» Grâces soient rendues à l'homme qui a soustrait par le fait, sinon en droit, l'Égypte à l'autorité des sultans; grâces soient rendues à ce Louis XI, qui a fait sauter tant de têtes aussi nobles que la sienne, pour substituer un roi à une noblesse; grâces lui soient rendues, il a fait un corps des membres mutilés de l'Égypte; les bédouins voleurs ont été contenus et réprimés, presque disciplinés par lui, et ils transportent les caravanes qu'ils dépouillaient autrefois; les fellahs ont été armés pour la première fois par lui, et il a fait une armée et une marine *égyptiennes*, avec des hommes qui, jusque-là, étaient déclarés indignes de porter le sabre, les élevant ainsi au niveau de leurs maîtres; et dans l'administration civile, il a substitué des Arabes aux agas turcs qui administraient les préfectures; enfin jusqu'ici il a fait d'immenses efforts pour retirer de l'Occident la science et les arts qu'autrefois les Arabes y ont portés; grâces lui soient rendues, il a brisé la plus grande partie des entraves que déjà Napoléon avait frappées de son épée, et qui comprimaient l'essor d'un peuple qui a de bien belles destinées....... »

Le 18 janvier, Enfantin ajoutait quelques mots à sa longue lettre du 13, revenait sur les intrigues ourdies au Caire contre les Européens et notamment contre les Français, puis annonçait le départ de Jules Sonnerat et d'Urbain pour la France.

« Urbain retourne à Paris, il va rejoindre Duveyrier et David. Vous savez mon faible pour les artistes, vous homme éminemment posé et raisonnable, avec qui je me suis lié à Francfort, parce que vous étiez la sagesse même, n'écoutant pas la folle imagination et les rêves des poëtes, n'aimant ni les spectacles, ni les jeux, ni le plaisir, ni les femmes, ni la blague; vous, homme de poids et grave, qui aimez l'*empereur* par calcul, la liberté par raison, le champagne par sagesse, et qui faisiez et chantiez le vaudeville avec moi par devoir et par dévouement. Je recommande au moins au vieil Arlès, à mon vieux camarade tambour-major des voyageurs, l'un de mes enfants les plus chéris, l'un de ceux dont la voix m'a le plus caressé de douces paroles, dont le souffle inspiré m'a, sur les yeux, le plus séché de larmes.

» P. Enfantin. »

Quoique l'apostolat populaire fût fini ou près de finir, quoique Enfantin prévît son entrée prochaine dans le vieux monde dont il s'était séparé avec tant d'éclat, le sentiment de sa supériorité, de sa religieuse paternité, n'était ni étouffé ni affaibli, en lui et dans les autres. La colonie saint-simonienne d'Égypte en donna bientôt une preuve dont le souvenir a été déposé par Suzanne Voilquin dans le livre intéressant qu'elle vient de publier [1], et auquel nous empruntons ce récit :

« Le 8 février, dit-elle, nous célébrâmes, pour la première fois, le jour de naissance du Père ; malgré les départs et plusieurs absences, dues à diverses causes, nous nous trouvâmes chez lui vingt-deux amis, qui tous l'entourèrent de leur amour, de

1. Ce livre a pour titre : *Souvenirs d'une fille du peuple*, ou *la Saint-Simonienne en Égypte*. Louis Jourdan a fait une juste appréciation, dans le *Siècle*, de la manière dont *cette excellente femme raconte l'influence décisive qu'exerça sur elle le saint-simonisme et ses impressions de voyage, et les mœurs qu'elle a observées pendant son séjour en Égypte.*

leur respect et de leurs vœux. On passa la nuit à danser, à causer, à porter des santés aux amis et aux parents restés en France. Ce jour-là, le Père parut complétement heureux de cette réunion.

» Le jeune Urbain, toujours poëte, toujours exalté, tourne avec joie ses regards vers l'Occident; il va partir le cœur rempli d'illusions sur le pays qu'il quitte et sur celui qu'il va revoir...

» Dans le cours de ce mois, je dînai encore chez le *père Enfantin*. Cette nouvelle réunion fut animée par un convive aimable et spirituel, quoique turc et pacha. Je me rappelle qu'au dîner le Père et nous tous applaudîmes de bon cœur un bon mot en action que fit à table cet ami du Père.

» La veille, il avait envoyé à ces messieurs deux petits cochons de lait gras à point; il comptait parfaitement dire un mot le lendemain à ce succulent rôti, car, avec sa carte de visite, il s'était en même temps invité à dîner chez le Père.

» Au nombre des invités se trouvait Machereau. Celui-ci, musulman de fraîche date, crut devoir faire du zèle en s'abstenant, devant son supérieur, de vin et de viande de porc, denrées prohibées par le Coran; tout en leur jetant des regards doux et caressants, il se tenait coi, dans une prudente réserve; mais le pacha, joyeux convive, d'une tenue convenable, même à une table européenne, le mit à l'aise aussitôt en lui disant : « Sidi Mohammed, il se trouve, dans la langue française, une règle qui prétend que deux négations valent une affirmation. Jugeant en conséquence le fait présent par analogie, je dis : manger de la chair de porc, oh!... ceci est fort mal assurément; ou bien encore boire en cachette le jus fermenté de la vigne, c'est également un grand tort; mais réunir et sceller ces deux fautes dans son for intérieur, c'est appliquer la règle française en les détruisant l'une par l'autre. Chez le père Enfantin nous sommes en France, et je suis dans mon droit, ajouta-t-il, en portant au maître de la maison un verre de pétillant champagne; imitez-moi donc, mon jeune ami, en disant comme moi : Au père Enfantin !!! »

Le 21 février, Enfantin ajoute un nouveau post-scriptum à sa lettre du 13 janvier à Arlès, dont Sonnerat et Urbain doivent être les porteurs. Il y annonce la mort de Mahmoud-Bey, l'administrateur des barrages, lors de la fête du 15 août, ce qui l'amène à dire :

« A propos des barrages, le pacha médite une chose qui va ameuter contre lui tous les blagueurs et oisifs Européens, les touristes surtout. Il a envoyé, il y a trois jours, Mouktar-Bey, Artyn-Effendy et

Linant visiter les pyramides, pour voir celle qu'il conviendrait le mieux de jeter dans le Nil au barrage. Vous voyez qu'il n'y va pas de main morte. C'est une grande et politique idée, comme beaucoup d'idées de ce prince, mais elle sera difficilement comprise par nos écrivains et nos bavards. Méhémet-Ali ne démolira pas plus cette pyramide qu'il ne fera le barrage, car la destinée de cet homme est un peu comme celle de Saint-Simon, de faire des programmes, mais ses programmes sont grandioses, pyramidaux. Barrer le Nil et féconder la terre d'Égypte, en couchant une de ces vieilles ruines dans le fleuve, c'est certes la plus belle transformation que l'on puisse faire subir à ces grands témoins de la puissance du passé, et il est beau que l'homme détruise pour pareille œuvre ce que le temps tout seul ne peut détruire; qu'il respecte et restaure même ce que les siècles démolissent, très-bien; mais qu'il redonne la vie, une vie nouvelle et plus utile, et plus grande, à ce que les siècles ne peuvent pas tuer et respectent, c'est encore mieux; c'est le progrès substitué à l'immobilité. Je serais fort étonné si vos journaux, en annonçant cette nouvelle, ne se hâtaient pas de mettre cette pyramide sur le dos des saint-simoniens, et s'ils n'accusaient pas ces vandales, ces barbares, d'avoir inspiré un nouvel Omar; ils n'auraient pas au reste complétement tort.

» Probablement, aussitôt après l'arrivée de Duguet, je partirai pour la Syrie; écrivez-moi cependant par l'intermédiaire du consul de France à Alexandrie.

» Selon les lettres que je recevrai de France, selon les inspirations que je puiserai en route, selon surtout ce que vous répondrez à mes lettres, j'arrêterai la suite de mon voyage. Constantinople se trouverait au bout, que je n'en serais pas surpris; et vous?..... — P. ENFANTIN. »

Deux mois après la célébration de l'anniversaire de la naissance d'Enfantin, la famille saint-simonienne éprouve en Égypte une nouvelle et cruelle perte. Chlorinde Rogé en informe Suzanne Voilquin par une lettre où nous lisons ce qui suit :

« Alexandrie, 10 mai 1836.

» Je vous écris plus tôt que je ne l'aurais fait, ma chère Suzanne, à cause de la triste nouvelle que je tiens à vous annoncer; vous saviez, avant notre départ, la maladie d'*Ollivier*. Nous espérions, moi en particulier, le trouver vivant et lui prodiguer les soins que son état réclamait. Dieu ne l'a pas voulu; mais il a permis seulement que nous arrivassions assez à temps pour faire un acte de foi. Nous sommes arrivés à Alexandrie, où Ollivier avait été transporté depuis dix jours, hier 9, à midi, et notre ami était mort le matin à six heures. Il est mort seul, comme il avait vécu, personne auprès de lui pour recueillir ses dernières paroles qui étaient, dit-on, pleines de foi. Il faut le dire à la louange de ceux qui l'entouraient, les soins matériels ne lui ont pas manqué; mais à Ollivier cela ne pouvait suffire Cette parole : « *la vie de l'apôtre est dure et sévère,* » était bien vraie pour lui. Nous avons été assez heureux pour le voir mort, il est vrai; mais sa figure calme était un grand enseignement; nous avons dit un dernier adieu à son cadavre; Rogé lui a coupé des cheveux et sa barbe, puis, lui et moi l'avons enseveli...

» Il était temps, bonne Suzanne, que nous arrivassions; il allait être enterré avec le rit chrétien, le capucin, la croix et le drap noir. Au lieu de cela, Rogé et Massol ont été remercier le capucin et prévenir la chancellerie française qu'eux seuls désiraient se charger de l'enterrement. Cela leur a été accordé. Ils ont fait mettre sur son corps un drap bleu clair. Vers les quatre heures du soir, Rogé, Massol, Granal et Colin ont été porter Ollivier à sa dernière demeure. Une vingtaine d'Européens les suivaient, peut-être à regret, car ils avaient peur d'une manifestation saint-simonienne. Pourtant ils témoignaient du respect et de l'attachement à l'homme qui avait vécu parmi eux... »

L'entourage apostolique d'Enfantin était ainsi incessamment décimé. L'heure de la solitude, prédite par d'Eichthal, approchait, et la solitude du chef suprême du monde nouveau devait être providentiellement suivie de la réapparition du hardi novateur au milieu des travaux de la société ancienne. Mais sous quelle forme et dans quelles conditions cet apostolat particulier allait-il s'exercer? Arlès, sur la demande d'Enfantin, exprima sa pensée, fit une ouverture, et Enfantin lui répondit :

« Vieux-Caire, 17 juin 1836.

» Mon cher Arlès, j'ai reçu vos deux lettres des 3 et 5 mai avec les 500 francs que me portait la première, au nom de Drut et au vôtre ; cette somme ainsi que deux petits envois qui m'ont été faits de Paris est venue fort providentiellement.

» Votre seconde lettre m'est parvenue hier ; Bruneau était près de moi ; il n'a pas reçu le duplicata de la première, et les bagues et sautoirs que vous m'annonciez ne me sont pas parvenus. J'ai remis à Bruneau le billet de Michel. Depuis vos lettres, vous aurez appris la nouvelle position du brave capitaine; elle me paraît et lui paraît bonne sous tous les rapports, financièrement, moralement et politiquement : il a 5 bourses d'appointements par mois (675 fr. environ); sa femme est enceinte, et il est associé à un homme qui nous paraît avoir un bel avenir en perspective dans ce pays. Voilà donc ce qui résout ce qui le concerne dans vos projets.

» Nous avons été tous deux étonnés que vous ne nous ayez rien dit à ce sujet de Jules; vous me parlez de Reboul qui est en effet un bon et brave travailleur; mais, avant tout, c'est moi qui vous préoccupe; venons donc à moi.

» Et d'abord, vu l'emploi que vous avez cru devoir faire de mes deux lettres, je me félicite de n'avoir cherché en aucune manière à tracer d'ici la route que vous deviez leur faire suivre, certain que j'étais qu'il me fallait nécessairement vous laisser toute liberté à ce sujet. Toutefois, afin que notre communion soit plus intime, et maintenant que votre spontanéité a marché où bon lui semblait, je crois devoir vous dire à ce sujet ma pensée, cela m'amènera naturellement aux propositions personnelles que vous me faites pour mes voyages.

» Comment le nom de Thiers ne se trouve-t-il

dans aucune de vos deux lettres? C'est ce que je ne peux faire accorder avec ma première lettre, à moins que vous ne fassiez comme nous autrefois, et que vous ne cherchiez plutôt la puissance *future* que la puissance *présente*. D'un autre côté, les intimes qui vous ont parlé du *terre à terre* et de la *politique d'épicier* qu'exige une autre personne, me paraissent dans une erreur profonde, que je ne m'explique que de la manière suivante, savoir : que cette personne parle terre à terre et est épicier à ceux qu'elle croit être eux-mêmes terre à terre et épiciers. Non que je m'exagère la grandeur de cette personne, mais je ne saurais voir un myope là où pourtant je ne vois pas un aigle. En d'autres termes, je pensais que mes lettres iraient, la première, outre Michel, à Thiers ou plutôt au roi; la seconde, outre Barrault, au roi ou plutôt à Thiers, et pas plus loin.

» Songez que ma première lettre était sur la politique *intérieure*, au moment où Thiers était à l'*intérieur*; qu'elle présageait son élévation à la tête du ministère; et enfin que la seconde traite des affaires *extérieures* au moment où Thiers est chargé de ce portefeuille.

» Je le répète, l'absence du nom de Thiers dans vos lettres m'annonce qu'il y a un fait grave dans la politique dont je n'ai pas conscience, et que vous sentez instinctivement sans pouvoir l'exprimer; ou bien elle montre que vous, au contraire, n'avez pas conscience de la puissance d'un agent politique que, de mon côté, je ne vous ai pas signalé assez nettement.

» Et maintenant j'arrive au voyage. Être voyageur de MM. Dufour frères et Cie. dont le but serait de gagner de l'argent par mon voyage, c'est-à-dire d'avoir des consignations de cocons ou des achats habilement exécutés et soignés dans leur expédition, ceci me paraît un rêve de votre tendre affection pour moi. Je serais très-volontiers voyageur de la maison Arlès, Drut, Decaën, Barrault, Michel, etc., quels que soient les ordres que me donnerait cette maison; mais de la maison Dufour frères et Cie, je ne sens pas cela, à moins que la maison Dufour frères et Cie sentît, comme vous le sentez, l'œuvre que je suis capable de faire; mais ceci n'est pas et ne peut pas être.

» Je vais plus loin, c'est que je ne sens pas que ma vie *pratique* soit une vie industrielle. J'ai été dans ma vie passée industriel tout autant qu'il m'en faut pour la vie que Dieu m'a donnée. Ma vie pratique c'est de la *politique* et de la *morale pratiques*, comme j'ai fait de la *politique* et de la *mo-*

rale théoriques, depuis que j'ai atteint vraiment âge d'homme, c'est-à-dire, depuis que Dieu m'a dit qui j'étais.

» Ceci, je crois, est incompris de Duveyrier et d'Aglaé, et je crois que vous-même n'avez pas assez nettement conscience de la justesse de ce que je viens de dire, sans cela la recherche que vous faites des moyens de me *ramener au monde* serait dans une autre direction, et même vous ne jugeriez possible *mon retour au monde*, qu'autant que vous verriez en *lui* et non en *moi* la volonté et la recherche de cette union.

» Je serais donc volontiers voyageur de la maison Arlès, Drut et Cie, vous ai-je dit, et je serai aussi volontiers voyageur de la maison Thiers, Palmerston, Metternich et Cie, ou même de la maison Louis-Philippe; mais je me hâte d'ajouter pourvu que ce soit après la lecture que ces messieurs auraient faite des produits de mon petit talent de société, de manière à ce qu'ils pussent eux-mêmes juger ma capacité. Tant que je n'enverrai pas à messieurs Dufour frères et Cie ou des échantillons de cocons ou un mémoire sur le commerce de ce produit, je trouve qu'il serait indélicat de me faire défrayer par eux d'un voyage auquel ils ne consentiraient que par surprise, et qu'ils subiraient comme un impôt que vous leveriez sur eux. De telle sorte que d'après les personnes auxquelles vous avez fait lire mes lettres, vous devez penser que je serais plus volontiers voyageur de Bertin de Vaux (ou *Journal des Débats*), ou de Lamartine (*parti social*, je crois), ou de Gasparin (intérieur, je crois) que de Dufour frères et Cie, mais d'après ce que je vous ai dit plus haut, vous devez voir que ce ne sont pas précisément ces patrons que je préférerais. »

Enfantin reprenait ensuite l'exposé des vues politiques dont il s'était occupé dans ses lettres précédentes, et il terminait ainsi :

« Voilà encore une longue lettre [1], mon cher Arlès ; avant de la clore, je crois devoir encore une fois vous répéter que je n'attache aucune importance à la forme sous laquelle je vous ai parlé de la possibilité du retour vers le monde. C'est au point que vous ne devez voir dans ce que je vous dis, même sur Constantinople et Vienne, qu'un rêve qui tomberait facilement devant toute autre combinaison, fût-ce pour un voyage en Chine, fût-ce pour un retour immédiat en France, fût-ce pour une course en Amérique, en Angleterre, directement à Vienne, etc. Toutefois je regarde les trois villes qui nous sont venues à tous deux dans la pensée comme

1. Cette lettre sera publiée intégralement.

les plus probables, Constantinople, Vienne et Paris; mais laquelle des trois immédiatement? Je ne sais. Les considérations générales semblent désigner la première, des considérations privées, la dernière; pour aller bien à Constantinople, peut-être faut-il que je passe par Paris et Vienne, peut-être faut-il un léger contact réel avec la partie du monde qui m'emploierait, pour que je sois convenablement employé. Mais, dans tous les cas, pour prendre une détermination, il faut que j'aie de vous une réponse, ne fût-ce que pour sentir que vous sentez comme moi mon avenir; dans le cas contraire, je modifierais certainement mes idées, car j'ai foi que, de votre contact actuel, doit résulter pour moi une grande lumière. — P. ENFANTIN. »

C'est à Paris qu'Enfantin avait quitté le monde, c'est là qu'il devait se rapprocher de lui pour continuer à l'inspirer, à l'enseigner sous une forme nouvelle, en s'adressant directement, non plus à la classe la plus nombreuse et la plus pauvre, mais aux riches et aux puissants, aux princes de la science et de l'industrie, aux notabilités de la politique et des affaires, pour les intéresser au sort du plus grand nombre. Quelques mois après sa dernière lettre du Caire, il était en route pour la France, et il écrivait à Arlès :

« Malte, 7 novembre 1836.

» Vous le voyez, mon cher Arlès, me voici en route.

» J'ai reçu à Alexandrie vos 200 fr. par Jules qui a dû quitter Alexandrie le même jour que moi, 31 octobre, et dont voici une lettre.

» Le bateau à vapeur m'a rendu ici cette nuit, deux jours de plus que le voyage ordinaire.

» Je vais faire avec Duguet mes vingt jours de quarantaine, puis partir pour Marseille, car il paraît qu'une foule d'obstacles s'opposent à ce que je touche à Malte que je désirais pourtant visiter.

» Écrivez-moi, dans tous les cas, à Marseille poste restante, j'y serai, j'espère dans quarante jours.

» J'irai de Marseille à Montpellier passer quelque temps avec Ribes, de là j'irai à Curson chez les Nugues; Thérèse m'a écrit une très-excellente lettre, ayant appris par le colonel du génie Vaillant qui avait vu une de mes lettres à vous, que j'avais l'intention de revoir la France. Vous voyez qu'avant que je puisse vous presser la main, il se passera du temps.

» Je ferme vite cette lettre. Pendant ma quarantaine j'aurai, je crois, le temps de vous écrire plus longuement. — P. Enfantin. »

XXXIV

(1837)

Dans les premiers jours de janvier 1837, Enfantin rentrait en France. De Marseille, il se rendit à Curson où il retrouva, au milieu de la famille Nugues, les mêmes témoignages d'affection qui lui avaient été si chers dans son enfance.

En traversant un village du bas Dauphiné, il se souvint qu'un de ses anciens disciples qui avait cessé de le suivre sans cesser de l'aimer, habitait tout près de là, et il lui fit passer, sans s'arrêter, un billet qu'il écrivit au crayon dans la diligence, pour lui annoncer son retour. Laurent lui adressa aussitôt à Curson ce salut filial :

« Père Enfantin,

» Je n'ai pas besoin de vous dire combien vos quelques lignes au crayon, datées de Pierrelatte, en diligence, m'ont rempli de surprise et de joie. Dieu soit loué ! Nous pourrons désormais entendre parler du climat insalubre du Delta égyptien, sans éprouver de trop vives appréhensions, quoique nous ne puissions nous empêcher de redouter encore, pour quelques-uns de nos amis, le mauvais voisinage de la peste.

» Au reste, quand je parle de vives appréhensions, ce n'est pas que, pour mon compte, je ne trouvasse quelque moyen de leur échapper ; c'est un terrible fléau sans doute que celui qui décime la population des rives du Nil, mais c'est une puissance supérieure à ce fléau, que celle qui veille sur les hommes dont elle attend quelque chose ; et vous savez que vous m'avez appris à croire à cette puissance, dont le nom est si souvent profané : la PROVIDENCE.

» Oui, Père Enfantin, j'ai eu plus de confiance en la Providence touchant votre retour que de crainte de la peste ; ma confiance est aujourd'hui justifiée : je rends grâces à Dieu !

» Que de fois j'ai éprouvé le désir, le besoin le plus pressant de vous écrire ! Il s'est passé depuis trois ans, dans ma vie publique et dans ma vie privée, des événements sous l'impression desquels je n'avais qu'un confident possible, et vous savez où il était... Mais ce que j'avais à dire est toujours de circonstance et ne peut pas vieillir ; ainsi, lettres ou entretiens, vous aurez à m'entendre, maintenant que je sais où vous êtes et que votre nouvelle retraite est si rapprochée de la mienne. Oui, je me souviendrai que vous êtes à Curson, à deux pas de Valence, et je n'aurai pas besoin d'attendre que des affaires m'appellent à Grenoble, pour vous prouver que je garde ce souvenir. Dites-moi seulement si vous devez rester longtemps à Curson, pour que je m'arrange de manière à ce que vous n'en partiez pas sans que j'aie vu, par mes yeux, combien le temps, le climat et la peste vous ont respecté, combien la Providence a tenu à vous rendre intact à ceux qui vous aiment.

» Depuis votre départ, nous avons vu l'hôte des États-Unis, l'homme type du libéralisme, Lafayette, mourir le lendemain de la révolution de Juillet, avec moins de bruit qu'un simple étudiant (Lallemand) en 1820. Et ce brave Carrel, si noble, et si élevé dans son caractère et dans son style, Carrel, le premier journaliste de l'Europe, le héros de la polémique libérale, comment a-t-il fini?... « On m'avait acculé dans une impasse! » disait-il en mourant; et ce fut là son dernier soupir. Entre ces deux morts, un autre fait a passé qui a vérifié bien de nos prévisions de 1830. Le premier écrivain du parti rétrograde, le célèbre Lamennais, que nous appelâmes *le Caton du catholicisme*, et qui nous reprocha à nous-même de n'avoir organisé qu'un *club sous un clocher*, est venu s'asseoir un jour, entre des esprits forts et des clubistes imberbes, pour être jugé solidairement, avec eux, par l'exphilosophe, ex-démocrate, ex-carbonaro, X., l'un des piliers du trône, de l'autel et du blason, paré du manteau de la pairie et du ruban de chevalier. J'étais là aussi, Père Enfantin, et je puis dire que ce n'était pas pour moi une des choses les moins curieuses que de m'y voir avec quelques autres de nos amis. Oh! quel beau texte, si la salle Taitbout avait encore sa tribune sacrée!

» Dites-moi, Père Enfantin, quand je pourrai vous voir ou vous écrire pour dépouiller tout ce que trois ans de silence ont laissé s'accumuler dans la bouillante tête de l'incorrigible qui est toujours l'*excellent ami*, si ce titre peut suffire à l'expression du sentiment qui m'attache à vous.

» LAURENT. »

Un autre disciple d'Enfantin, resté aussi en dehors de l'apostolat cénobitique, se montra l'un des plus empressés, en cette circonstance, à saluer le retour du maître, en lui envoyant ces quelques lignes :

« Toulouse, 17 janvier 1837.

» Père,

» Trois lignes que je reçois d'A. D., de Lyon, m'apprennent votre arrivée en France, et votre désir actuel d'*incognito*. Vos désirs seront toujours profondément respectés; mais il est des sentiments que le respect même ne peut contenir. C'est à cette puissance mystérieuse, à cette inspiration supérieure à toute loi que je cède en cet instant. Pardonnez-moi, Père, de troubler votre repos; j'avais besoin de vous dire combien je vous aime, combien nous vous aimons; j'avais besoin de saluer votre retour. — BROTHIER. »

Vingt jours après son arrivée à Curson, Enfantin alla embrasser Arlès à Lyon, d'où il écrivit à Lambert, le 11 février, pour lui rendre compte de son voyage, de l'accueil qu'il avait reçu, et de sa première apparition dans le monde. Voici quelques passages de cette lettre :

« Comme les lettres arrivent lentement, cher ami; je n'ai encore que celle du 15 novembre, c'est dur. Je t'ai écrit le 10 janvier de Marseille. Le 12 au soir, à minuit, nous arrivions à Curson, comme à mes anciens retours de voyage, faisant relever ces dames, et reçus comme les enfants de la maison. Saint-Cyr avait prolongé son séjour pour m'attendre, et son accueil fut bien bon, bien gracieux; il resta encore huit jours avec nous, et ses sœurs disaient qu'elles ne l'avaient pas vu si gai, si affectueux, si ouvert depuis six ans. Duguet, qu'il avait déjà vu à Paris, lui avait plu et lui plut encore davantage, si bien qu'il consentit très-volontiers à l'avoir pour compagnon de son voyage pour Paris, et le 22, je crois, ils partirent. Je restai donc seul à Curson, rendu ainsi par tous mes enfants au vieux monde. Cela m'a rappelé notre séparation à Thèbes, cher ami ; seulement ici je rentrais dans le vieux monde au point d'où j'en étais sorti moi-même autrefois, tandis qu'à Thèbes je remontais jusqu'à la source de tout le vieux monde, ce qui me séparait autant que possible de ce qui m'avait immédiatement donné la vie. — Tous les membres de ma famille, tous mes amis de Romans, de Tain m'ont reçu comme je le désirais ; il est vrai que j'ai le bonheur de ne compter aucun absurde parmi eux, et que Dieu ne m'avait entouré, là comme partout, que de bons cœurs pour former le mien. — Après le départ de Saint-Cyr et Duguet, je suis resté une dizaine de jours dans notre petit comité si bon, si affectueux de Curson, et nous avons repassé, avec Thérèse et Eugénie, mes campagnes ; aussi maintenant elles te connaissent et t'aiment bien, cher ami, et Bruneau est aussi un de leurs amis intimes. Enfin le 2 de ce mois je suis parti pour Lyon où Arlès m'appelait pour faire ma rentrée dans ce qu'on appelle tout à fait *le monde*, et cela sous la forme consacrée dans le monde, une rentrée par un *bal*, bal chez lui, dans la nuit du 7 au 8 février, anniversaire de naissance d'Holstein et de moi. Remarque bien que cette date était prise sans calcul prémédité, mais par choix providentiel, comme nous en avons tant vu dans notre vie. En quelques jours mes habits de bal furent faits (habit grenat comme à la rue Monsigny, comme à la prise d'habit); je m'essayai par une soirée de proverbes chez un ami d'Arlès, et enfin le 7 ma rentrée se fit supérieurement. Grande curiosité de la part des dames, mais curiosité non importune, affectueuse même, et bonne tenue de la part des hommes de tous les partis, car Arlès est la seule personne de Lyon qui reçoive chez lui : juste-milieu, légitimistes et républicains, et saint-simoniens par-dessus le marché. Drut, mon vieux Drut, nageait dans une joie où il y avait presque un certain orgueil. Je restai jusqu'à la fin sans ennui, sans fatigue, sans déboire d'aucun genre, et cette soirée m'a donné bon espoir pour la suite.

» En venant ici, mon intention est, comme tu dois le penser, de pousser jusqu'à Pougues pour aller embrasser Arthur et essayer encore une fois de résoudre le grand problème que Dieu a posé là dans ma vie.

» Ma rentrée en France n'a fait jusqu'ici aucun bruit; je pense que ma visite à Lyon ne donnera également lieu à aucun cancan qui gêne ma marche. Enfin Arlès et Saint-Cyr se sont donné rendez-vous bientôt à Paris pour agir ensemble et voir ce que je pourrai faire dans ce monde où je veux rentrer, qui n'a pas précisément envie de me repousser, mais qui ne sait certainement pas encore ce que je pense faire pour lui. —De mon côté, je rêve toujours à l'Allemagne, et je crois bien que sous une ferme quelconque c'est là que j'ai affaire en ce moment...

» Je ne te dis rien de nos affaires politiques, si ce n'est que le gâchis est plus profond que jamais, et qu'on avance par conséquent vers une solution. L'avocasserie parlementaire est ruinée dans tous les bons esprits. La grande question de politique industrielle, les salaires, préoccupe les plus forts. La volonté de faire d'immenses travaux existe dans l'administration et chez les banquiers; le journalisme perd chaque jour de son empire; les affaires d'Espagne et de Portugal, la situation de l'Angleterre empêchent, je crois, de songer beaucoup en ce moment au Nord et à l'Orient, et cependant je suis certain que c'est là qu'il faudra tourner les yeux et les bras quand on voudra agir sur l'Occident et le Midi, ou du moins quand on voudra éviter leur pernicieuse influence. Dupin et Clausel se détruisent l'un l'autre à la grande satisfaction de la cour et du gouvernement, et à l'avantage de tous; c'est la queue du militarisme et de l'avocasserie qui déjà se sont mangés comme les deux loups du conte, car il ne reste vraiment que des queues à ces deux hydres de *destruction* et de *désunion*. C'est un grand signe de l'avénement des principes de production et d'association.

» Jules Lechevalier, associé de Fonfrède, s'est fait donner, je crois, par le gouvernement, le *Journal de Paris*; Michel travaille beaucoup aux *Débats;* la *Presse* d'Émile Girardin est pleine de saint-simoniens. — Pourquoi ne puis-je, cher ami, trouver dans ce grand mouvement qui s'opère sous mes yeux, un rôle où il me soit possible de te faire signe et de te rappeler à moi? Je suis, pour moi, dans les plus profondes ténèbres, et c'est encore l'*attente* qui se prolonge.

» Je dîne aujourd'hui chez Arlès avec le préfet; tous trois seuls, femme et enfants dînant en ville pour mieux causer; le préfet est un charmant homme, enfant au lycée quand j'étais déjà grand garçon, qui aime beaucoup Arlès, et qui aura et mérite un bel avenir politique. Les grandes questions lui vont, il les porte bien ; Arlès ira sans doute dans quelques jours avec lui à Paris; l'occasion et le moment sont importants à saisir.

» Adieu, cher ami; fais mes amitiés, dans l'occasion, à M. de Lesseps; compliments à Linant et à Lubbert; condoléance sur la mort de M. Mimaut.

» Adieu à vous deux. — P. ENFANTIN. »

L'*attente* se prolongeait donc pour Enfantin, en ce sens qu'il ne voyait pas encore sous quelle forme et dans quelles conditions il devait continuer sa mission religieuse, morale, politique et industrielle; il en était à méditer, à étudier, à discuter avec ses amis, avec Arlès surtout, cette grave question de son prochain avenir, de l'œuvre nouvelle qui lui était réservée dans le développement providentiel des principes saint-simoniens, lorsqu'il reçut de Barrault une lettre où le fidèle et clairvoyant disciple disait hardiment au maître :

« 17 mars 1837.

» PÈRE,

» La question la plus grave qui, aujourd'hui, s'agite parmi vos enfants, est celle de votre caractère. Êtes-vous toujours, avez-vous jamais été, serez-vous éternellement LE PÈRE?.....

» Du cercle étroit où s'agite la question de votre personne, elle doit passer prochainement dans un cercle plus vaste. Quoique depuis longtemps vous vous soyez détaché de vos enfants par la triple auréole du nom des femmes, de la prison et de l'Orient, le monde ne vous avait pas encore vu seul, face à face de lui : aujourd'hui vous êtes seul.

» Or, si désireux que vous deviez être de changer ses injures en caresses, vous ne voudrez pas, je le sais, l'épouser à tout prix. Père, vous est-il plus facile, à cette heure, de nouer saintement un lien politique officiel avec le monde que de nouer saintement et officiellement un lien moral?

» Vous n'avez pas voulu être dans le Levant le commis-voyageur d'une maison de commerce : plus volontiers consentiriez-vous à accepter une mission et des appointements de tel ou tel cabinet?..

» Aujourd'hui les hommes auxquels vous avez communiqué la vie appartiennent aux divers partis politiques, philosophiques, religieux : vous êtes, vous, l'anneau par lequel tous ces chaînons se tiennent entre eux et se rattachent à l'avenir.

» Aujourd'hui les nations de l'Europe sont divisées d'intérêts, de principes, de croyances : vous n'êtes pas l'homme d'une nation, vous êtes l'homme-humain.

» Lié au monde actuel par vos enfants qui le poussent vers vous, tandis que vous-même vous pourrez faire un pas vers lui sans accepter aucune de ses chaînes, Père, vous resterez en dehors de ce monde, mais grandissant chaque jour comme un pouvoir spirituel et moral. A ce rôle si grand ne manqueront, je le pense, ni la dignité ni même l'humilité.

» Tel est le résumé des réflexions que m'a inspirées votre retour. D'autres vous reprochent de vouloir toujours *poser* : je suis de votre avis en pensant avec vous que c'est votre nature, votre mission, votre capacité. Et c'est pourquoi je vous désire libre à l'égard du monde! libre, afin que votre personne puisse être appréciée par lui dans son impartialité divine! libre, ai-je dit, et non plus isolé : Ménilmontant et Thèbes sont finis.

» Je vous ai exprimé mon sentiment : jugez, Père, ce qu'il peut avoir de juste et ce qu'il a d'incomplet. Quoi que vous jugiez, quoi que vous fassiez, vous êtes le Père, et je suis toujours votre fils.

» A vous et à Dieu! — E. BARRAULT. »

Le vœu de Barrault et de la généralité des disciples sera rempli : le maître restera libre sans être isolé. Il rentrera dans le monde pour enseigner le monde, gardant son autorité morale, son caractère indélébile, son ascendant paternel ; il sera toujours LE PÈRE pour tous, même pour ceux qui auraient un instant le malheur de le méconnaître et auxquels il dirait encore (comme il le fit à cette époque à l'un deux) : *moi* et *vous* ne ferons jamais qu'UN.

Enfantin va donc continuer de propager sa foi en faisant concourir sa puissante individualité au mouvement et aux actes de la société ancienne qu'il a entrepris de régénérer, comme l'ont fait avec plus ou moins d'ardeur et de succès ceux qui se sont éloignés de lui depuis Bazard jusqu'à Michel Chevalier. C'est l'apostolat séculier qu'il reprend, et, en y revenant, il atteste l'utilité, la nécessité passagère de l'apostolat régulier. Il écrit de Pougues à Arlès, que *le célibat, le costume, les chants, le prolétariat, les biens en commun, tous faits symboliques,* durent être *produits par des apôtres :* — « Culte minutieux, dit-il, anticipé, exagéré, forcé, tuant, que certains hommes ont dû momentanément accomplir pour l'enseignement futur, vie exceptionnelle, que vous avez parfaitement sentie n'être pas à votre usage, superstition exaltée qu'il a fallu avoir hors du monde pour frapper le monde, et qui a eu ses victimes. »

Le vieux monde, aux yeux d'Enfantin, était donc suffisamment frappé par la *vie exceptionnelle* des premiers apôtres; l'heure était venue de l'initier, de le convertir graduellement, sans propagande spéciale, solennelle et directe, et par les seules voies de la vie ordinaire. C'est pour cela que le chef de l'apostolat cénobitique s'adressait maintenant à celui de ses anciens amis qui s'était *tenu si judicieusement*, selon ses propres expressions, *hors de la pratique, toujours anormale, qu'une grande foi impose à ceux qui doivent s'en faire les apôtres hors du monde*. C'est pour cela que près de trente ans plus tard, il choisira cet ami, qui se tint toujours en garde envers la *superstition exaltée*, pour le charger de l'exécution de ses dernières volontés, pour le mettre à la tête du conseil qui devra veiller à la propagation de sa foi et de ses œuvres.

Mais en se réduisant à l'apostolat individuel, dans les limites de l'ancien monde et de la vie ordinaire, le grand novateur qui avait osé dire à ses juges qu'il ne venait pas se défendre mais les enseigner, ne pouvait pas effacer, dans son langage, dans ses écrits et dans ses actes, le cachet de ces hauts enseignements, qu'il avait la prétention d'exercer par mission providentielle. S'il n'est plus le chef suprême d'un corps apostolique, marqué d'un signe particulier, il est toujours le premier parmi tous ceux qui partagent son idée, la plus élevée, la plus large, la plus profonde qui ait été conçue sur DIEU et l'HUMANITÉ. Le Père suprême de Ménilmontant a disparu, l'époux futur de la femme messie s'est voilé la face, mais il n'est pas descendu au tombeau et il n'est pas non plus monté au ciel, il est resté sur la terre, *chair* et *esprit*, continuant de parler et d'agir au nom de Dieu, *esprit* et *matière*, pour l'amélioration morale, intellectuelle et matérielle de tous et de toutes. S'il a livré au jugement de ses contemporains quelques idées qui ne pourront être convenablement appréciées que par des générations plus avancées, il pense néanmoins, lui aussi, qu'il faut réserver la part des messies à venir, et s'attacher surtout à l'enseignement des vérités que les hommes peuvent *porter présentement*. Le *Credo* primitif du saint-simonisme ne renferme que des vérités de cet ordre. Enfantin les a prêchées au peuple, par lui ou par ses disciples ; il croit le moment venu de les porter à l'oreille des riches et des puissants, et de commencer ce qu'il appelle l'*apostolat royal*. A peine descendu à Curson, il tourne ses regards vers le prince qui occupe le premier trône du monde, et il lui adresse cette respectueuse exhortation, dont les formes pourraient paraître trop louangeuses si elles ne servaient pas d'expression à un sentiment exclusif de toute considération personnelle et puisé dans l'amour le plus vif et le plus pur de l'humanité ; si la flatterie, qui caresse les grands pour les rendre eux-mêmes plus caressants envers le petits, ne se justifiait pas incontestablement par le caractère religieux de son mobile et de son but :

AU ROI.

« Sire,

» V. M. a daigné adoucir pour moi, il y a quatre ans, les rigueurs de la justice ; qu'Elle me permette, aujourd'hui de lui en rendre grâces.

» Sire,

» Je confesse qu'il m'a fallu être éclairé par les dangers auxquels Dieu a fait échapper V. M., et par la fermeté calme qu'Elle leur a opposée, pour bien comprendre ce que je lui devais, et tout ce que lui doit et peut encore lui devoir la France.

» En me plaçant, comme je l'ai fait depuis dix ans, pour ainsi dire en dehors du monde, enfermé pendant près d'une année à Sainte-Pélagie avec les plus fougueux représentants des partis qui s'agitent en France ; enfin retiré durant trois années en Égypte et regardant de là, avec toute la tendresse qu'inspire la patrie éloignée, et sans autre préoccupation que celle de lui être utile un jour, le déchirant spectacle qu'elle présente, et où V. M. remplit un rôle si grand et si tragique ; je crois, sire, que j'ai dû voir et juger la situation de la

France autrement, et mieux aussi peut-être, que les Français les plus dévoués au pays et à la personne de V. M., parce que, acteurs eux-mêmes dans ce spectacle si confus, leur vue venait d'en être inévitablement troublée.

» Sire,

» Quel que soit le jugement que porte V. M. sur les idées que cette situation a fait naître en moi, et que je prends la liberté de mettre sous ses yeux, je serais heureux qu'Elle y vît au moins un témoignage de ma reconnaissance, et, j'ose le dire, du profond sentiment que SA courageuse et douloureuse position m'inspire.

» Sire,

» Les trois partis politiques dans lesquels se partage la France portent des noms qui les trompent eux-mêmes sur ce qu'ils veulent, sur ce dont ils ont réellement besoin.

» Que la France soit demain une république, qu'elle passe dans les mains d'Henri V ou qu'elle continue à être gouvernée par V. M., ce serait toujours la *même œuvre* qu'elle voudrait faire, le *même but* vers lequel elle tendrait, la *même direction* qu'il faudrait lui donner.

» Je m'explique : jamais pouvoir n'a été fort s'il

n'a pas fait dire à la société ce que, *dans le moment*, elle avait *besoin* d'accomplir. La France a été militaire sous Napoléon, comme elle était pieuse sous saint Louis, et révolutionnaire quand Mirabeau était son roi.

» En ce moment, quel que soit le pouvoir, fût-il despotique ou républicain, il ne pourrait vouloir, je le répète, pour être FORT, qu'une seule et même chose, celle dont la société *actuelle* éprouve le *besoin*.

» Quel est donc le *besoin actuel* de la France? Quel est son cachet? Quel nom la postérité donnera-t-elle à la France de nos jours?

» Sire,

» La Providence ne s'est point trompée en plaçant sur le trône et en sauvant des assassins V. M. La France de nos jours a besoin de ce que VOUS pouvez lui donner; elle porte le même *nom*, le même *cachet* que VOUS; elle est *pacifique* et *laborieuse*.

» La paix, de l'ordre dans l'administration, de la force au pouvoir, du travail pour le peuple, voilà le *besoin actuel* de la France; elle est INDUSTRIELLE.

» Elle n'est point républicaine, légitimiste, juste-milieu; tous ces noms sont vagues, le dernier plus encore que les autres, et un pouvoir *fort* ne saurait porter un nom vague.

» Sire,

» Ne faut-il pas en effet que V. M. enlève aux partis cette clientèle superbe qu'ils exploitent et où ils fanatisent des assassins, l'OUVRIER?

» Napoléon fut le roi des soldats et ce fut là le secret de son pouvoir, parce que la France avait, à son époque, une mission guerrière à accomplir; il faut que l'histoire dise de V. M. qu'elle fut le roi des OUVRIERS, le roi de ceux qui ont voulu l'assassiner.

» Mais lorsque Napoléon voulut, lui soldat, faire de nous une nation de soldats, tout, dans son gouvernement, porta l'empreinte de cette volonté; depuis le tambour, les uniformes et les fusils des enfants des colléges, jusqu'aux plus hautes fonctions de l'État, tout fut marqué du signe de cette volonté guerrière.

» Sire,

» Que *votre volonté,* si éminemment pacifique et laborieuse forge tous les ouvrages du gouvernement sur son modèle.

» Sire,

» Les grands hommes sous Napoléon furent des MARÉCHAUX.

» Les grands hommes aujourd'hui sont des avocats et des journalistes.

» Il en faut d'autres.

» V. M. a prouvé qu'elle sentait que c'était en effet à des sources nouvelles qu'il fallait aller puiser aujourd'hui la grandeur, et voilà pourquoi ELLE a fait participer ses fils aux bienfaits de l'éducation publique; voilà pourquoi V. M. a voulu que les êtres pour qui Elle désire les plus hautes, les plus glorieuses destinées, vissent de près et touchassent toutes les classes de la société, et pour ainsi dire communiassent avec elles, afin de puiser, dans cette communion même, le sentiment des vertus auxquelles la génération *actuelle* est disposée à décerner la puissance et la gloire.

» Sire,

» Cette noble dérogeance aux exigences de l'éducation princière d'autrefois fut un pas immense fait par V. M. sur tous les rois ses devanciers et ses contemporains; mais cet acte de haute prévision paternelle n'entraîne-t-il pas pour conséquence, lorsque les princes atteignent âge d'homme, d'autres dérogeances aux habitudes du passé.

» Sire,

» Les fils aînés de V. M. ont appris à connaître le SOLDAT, à lui commander, à se faire aimer de lui, comme l'aurait appris sans doute le roi de Rome. Qu'ont-ils fait pour connaître l'OUVRIER et se faire aimer de lui? Savent-ils ses travaux, ses misères, ses joies, comme ils savent les travaux, les misères, les joies du soldat.

» Or, il y a plus de *vingt millions* d'ouvriers et seulement trois cent mille soldats en France.

» Sire,

» Monseigneur le duc d'Orléans, destiné à monter un jour sur le trône, n'aurait pas alors auprès de lui seulement un ministre de la guerre, et sous son sceptre seulement une armée; que dès aujourd'hui sa vie soit donc le prélude de ce qu'elle serait alors; que son entourage soit capable de lui inspirer et de développer en lui ce que, plus tard, il devrait commander; que les finances, les travaux publics, le commerce, l'industrie, la marine, les sciences et les lettres, la diplomatie et la justice aient déjà près de lui des représentants comme la guerre en a dans ses aides de camp; et que les premiers, instruments de *paix* et de *production*, y jouent officiellement et réellement un aussi grand rôle au moins que les autres.

» Monseigneur le duc d'Orléans a visité l'Angleterre et l'Allemagne, entouré seulement d'aides de camp, et n'ayant lui-même d'autre pratique de vie que les armes; il a donc dû voir ces deux pays spécialement sous le rapport *militaire*, qui est infiniment moins important pour l'Angleterre que son état *industriel*, pour l'Allemagne que son état *intellectuel*.

» Sire,

» Que Monseigneur le duc de Nemours commande le premier grand *travail d'utilité publique* qui sera entrepris, et auquel une division de l'armée serait appliquée, et que S. A. R. s'entoure d'*ingénieurs civils*, comme elle l'a été jusqu'ici d'*officiers*. (Il est plus important de faire aimer le roi à Rouen, Saint-Quentin, Mulhouse, Lyon, Saint-Étienne, qu'à Lille, Arras, Metz, Strasbourg.)

» Que Monseigneur le prince de Joinville inspecte la nouvelle ligne de communication à vapeur de la Méditerranée; qu'il installe celle qu'il faut établir avec l'Amérique, et qu'il ait près de lui des hommes au fait des intérêts *commerciaux* qui unissent les peuples.

» (Il est plus important aussi de faire aimer le roi à Marseille qu'à Toulon, au Havre qu'à Cherbourg, à Nantes qu'à Brest, à Bordeaux qu'à La Rochelle et à Rochefort.)

» Enfin que leurs jeunes frères soient dirigés l'un vers l'école *polytechnique*, l'autre vers celle des *arts et manufactures*, ou bien encore vers l'école des *beaux-arts*.

» Et toutes ces choses qui se passeraient, pour ainsi dire, en dehors de ce qu'on nomme la politique, et presque comme affaire de famille, mais qui exprimeraient bien clairement la volonté *politique* de Votre Majesté, peuvent s'accomplir sans blesser les opinions *politiques* actuelles, hostiles ou favorables au pouvoir, sans froisser des individus, sans repousser des serviteurs fidèles.

» De même, pour imprimer au gouvernement cette direction politique, il n'est pas nécessaire d'opérer dans le personnel de l'administration une de ces réformes brusques qui ébranlent le trône et la société tout entière. La plupart des hommes qui exercent le pouvoir en ce moment sont prêts à entrer dans cette voie au premier ordre de Votre Majesté; il en est même qui, précisément parce que la politique n'a pas jusqu'ici pris franchement ce caractère, ont été sur un théâtre où l'on n'a pas pu les apprécier, où ils n'ont pas été tout ce qu'ils peuvent être; il en est qui s'ignorent et que le souffle de Votre Majesté révélerait à eux-mêmes.

» Non, ce n'est pas le personnel du gouvernement et de l'administration qu'il faut promptement renouveler, c'est son *esprit* qu'il faut se hâter de changer.

» Sire,

» Que Votre Majesté ne pense pas d'ailleurs que le régime parlementaire soit incompatible avec la politique dont je parle. Le régime parlementaire est souverainement tracassier et fatigant pour un pouvoir qui hésite et se balance entre deux opinions extrêmes, et les six dernières années ont dû, sous ce rapport, altérer la foi de ses plus fervents admirateurs; il est terrible et meurtrier pour celui qui embrasserait l'une de ces deux opinions extrêmes, et il l'a prouvé avec Charles X; mais il devient un oracle et comme un comité consultant, pour un pouvoir qui veut fermement marcher dans la voie, je ne dis pas de l'*opinion* publique, mais du *besoin* social qui domine toutes les opinions politiques.

» C'est qu'avec une pareille marche de la part du pouvoir, la Chambre des députés, au lieu d'être peuplée, comme aujourd'hui, d'avocats, d'écrivains et professeurs, de militaires, d'hommes de loisir, se composerait presque entièrement d'hommes ayant fait preuve de capacité financière, commerciale, industrielle, administrative, et que de pareils hommes ne sont généralement ni parleurs ni tracassiers.

» (Et alors des hommes tels que MM. Bugeaud,

Fulchiron, Jaubert, qui sont aujourd'hui des amis dangereux du pouvoir qu'ils veulent défendre, mais qu'à leur insu ils affaiblissent, en deviendraient d'utiles soutiens, parce qu'ils sont tous trois de vrais représentants de l'industrie *agricole*, *commerciale* et *manufacturière*.)

» D'un autre côté, le pouvoir n'étant plus contesté, discuté, plaidé sans cesse par des armées d'avocats, la première qualité indispensable, même pour les ministres, ne sera plus la puissance *oratoire*, l'habitude d'*argumentation*, le *professorat* de DOCTRINE. Ainsi aujourd'hui le premier ministre est naturellement celui de l'instruction, et le premier ministre M. Guizot, tandis que ce serait bientôt le ministre du commerce et des travaux publics, ou celui des finances ou bien celui de l'intérieur (si les deux autres en devenaient des dépendances) qui serait le plus important.

» Enfin il sera facile de renouveler peu à peu, et à mesure des progrès que cette marche du pouvoir fera faire à la société, le conseil d'État et les préfectures, par des hommes versés dans l'étude et la pratique de l'état industriel du pays, connaissant la classe *ouvrière*, habitués à lui commander sur le *chantier* qui est son champ de bataille, et placés presque mécaniquement, par la nature même de leurs travaux, à un point de vue d'ordre, d'intérêt général, de paix, de PRODUCTION. »

» Sire,

» Les préfets de Napoléon étaient surtout des recruteurs de *soldats*, et se sentaient mission d'exciter la population aux sentiments et aux habitudes *militaires*, et son administration tout entière se faisait un devoir et une gloire de préparer moralement et matériellement les victoires de nos armées. Que les préfets soient aujourd'hui les inspirateurs des grands et utiles travaux; que l'administration tout entière s'anime des sentiments INDUSTRIELS; qu'elle rêve la gloire des Sully, des Colbert, des Turgot, et celle des Riquet, des Watt, des Colomb et des Cook.

» Sire,

» Le gouvernement de Votre Majesté a prouvé qu'il savait réprimer le désordre auquel se laissaient si facilement entraîner des masses ignorantes et misérables, et il s'est habilement servi des classes riches et éclairées pour étouffer les émeutes; n'a-t-il pas acquis par là le droit d'être, auprès des classes élevées, le protecteur, l'avocat insinuant de la portion du peuple qui est encore mineure et dans l'enfance, et dont Dieu lui a confié la tutelle?

» On a su demander aux classes élevées jusqu'au sacrifice de leur vie pour *repousser* la révolte ; or il ne s'agit pas même de sacrifices pour la *prévenir*. Que chaque citoyen suive pour lui et pour sa famille l'exemple que lui donnerait Votre Majesté comme roi et comme père ; que notre bourgeoisie, qui veut si fortement la paix et l'ordre, se modèle sur le *Napoléon de la paix*, sur le *roi des ouvriers*, et elle n'aura plus besoin de ses baïonnettes, et elle n'aura plus à trembler pour sa fortune, pour son repos, pour sa vie.

» Sire,

» Un roi qui fut assassiné, mais dont la mémoire est bénie par le peuple, a voulu, seulement voulu, lui donner la poule au pot.

» Que Votre Majesté la lui donne, et SON nom sera béni à jamais.

» Cette politique *intérieure* suffirait-elle pour le repos et le bonheur de la France ? Certes, elle aurait une puissante influence d'exemple sur les nations *étrangères* ; et d'ailleurs modifiant le caractère de la diplomatie française qui en prendrait l'esprit, comme celle de Napoléon avait l'esprit militaire, elle modifierait ainsi indirectement la diplomatie étrangère.

» Cependant elle ne suffirait pas.

» Sire,

» Les nations européennes, depuis vingt ans, s'agitent sur elles-mêmes, comme sur un lit de douleurs; toutes s'efforcent de résoudre par elles-mêmes le grand problème de leur avenir. Chacun chez soi a jeté un cri utile pour résister, après 1830, à l'entraînement de la propagande révolutionnaire; mais aujourd'hui cette doctrine serait mortelle. Après une longue contraction sur eux-mêmes, les peuples ont un invincible besoin d'*expansion*, l'histoire en fournit mille preuves.

» Mais le passé ne fournissait qu'un seul mode d'expansion, la guerre; nous sommes plus heureux, et sans conquêtes, sans colonies, nous pouvons mêler le sang des peuples.

» Une route qui rapproche et unit deux nations, a aujourd'hui, dans la politique, une importance égale à celle qu'avaient autrefois les places fortes qui les séparaient.

» Or depuis que l'ancienne base sur laquelle reposait la politique européenne a été ébranlée et détruite, depuis que le traité de Westphalie a été annulé par l'entrée de la Russie, comme puissance de premier ordre, dans la politique occidentale; depuis surtout que l'affranchissement des colonies anglaises, portugaises, espagnoles en Amérique, a changé les conditions de la balance que ce traité avait pour but de maintenir en équilibre; aucune base théorique n'a été solidement posée pour la diplomatie.

» Je sais bien qu'on a voulu résoudre toutes les difficultés, en essayant une ligue des gouvernements constitutionnels contre la ligue des gouvernements despotiques; mais ceci est une condition perpétuelle de *guerre* ou du moins une observation *armée*, tandis qu'il faudrait chercher, à l'exemple d'Henri IV, une combinaison qui favorisât l'association *pacifique* de tous les membres de la grande famille européenne.

» Et en effet, Sire, tant que le gouvernement de V. M. ne sera pas l'allié de la Russie, de l'Autriche et de la Prusse, comme il est celui de l'Angleterre, le trône de France sera toujours sur un volcan de *Légitimisme* alimenté par ces puissances; et d'un autre côté, il sera miné par le *Républicanisme*, tant qu'il n'aura d'alliés que l'Angleterre, l'Espagne et le Portugal.

» Si donc une identité de principes politiques nous unit à l'Angleterre et à la Péninsule, n'y a-t-il pas une identité d'intérêt politique qui nous rattache aux puissances de l'Europe occidentale?

» Sire,

» La base de la politique européenne doit être aujourd'hui :

» Tourner les yeux de la Russie vers l'Orient afin que toutes les autres nations puissent tourner les leurs vers le Midi et l'Ouest.

» Vouloir empêcher la Russie d'avoir une influence prédominante sur la mer Noire, l'Asie-Mineure, la Perse, ce serait lutter contre la volonté de Dieu, contre la nature des choses, contre soi-même. Et je parle en messie pour l'Angleterre, qui périrait dans cette lutte niaise, mille fois plus absurde que le système continental de Napoléon.

» Et ne nous reste-t-il pas l'Amérique tout entière, la Syrie et l'Égypte, ces deux routes de l'Inde, et l'Océanie, et l'Afrique, où nous avons déjà le sud?

» Les efforts que l'on consacrerait à cette lutte impie, inutile, ridicule, n'auraient-ils pas d'immenses résultats s'ils étaient employés, non à conquérir et à coloniser tous ces pays ouverts à notre activité, mais à nous lier avec eux par de vastes entreprises commerciales, par des voies de communications rapides, aussi coûteuses peut-être que la guerre, mais en définitive productives de travail, de richesses, de bien-être pour tous, et de gloire aussi pour les têtes brûlantes qui se consument chez nous dans le désordre, le suicide, les complots et l'émeute.

» Mais pour une semblable politique *extérieure*, il faut que le personnel de la diplomatie modifie l'esprit qui l'anime, de même que se modifierait l'esprit de l'administration pour la politique intérieure.

» Les diplomates sont généralement étrangers à la connaissance des véritables *intérêts* qui unissent les peuples. Aucun d'eux, je crois pouvoir le dire sans injustice, ne connaît la puissance *industrielle* et *commerciale* du peuple qu'il représente et de celui chez lequel il est envoyé, comme il connaît leur force *militaire*. Aucun d'eux ne se sent porté, ni par ses études premières, ni par l'inspiration qui est tombée d'en haut jusqu'ici sur la diplomatie, à chercher la FORCE là où elle est réellement aujourd'hui; ils la voient encore plutôt dans les instruments de DESTRUCTION que dans ceux de PRODUCTION, plutôt chez les généraux que chez les fabricants, négociants et banquiers; plutôt dans les casernes que dans les ateliers, dans les camps que dans les champs, dans les places de guerre que dans les routes et les canaux, dans le canon que dans la machine à vapeur; or c'est la machine à vapeur qui est maintenant la première raison des rois.

» Et pourtant, Sire, plusieurs, j'en suis certain, enfants de leur siècle si éminemment pacifique, si puissamment industriel, n'ont besoin que d'une inspiration, d'un signe de V. M. pour modifier ainsi leurs travaux et leurs habitudes, et d'ailleurs fort peu de temps consacré à cette nouvelle direction de la politique intérieure suffirait pour élever des hommes capables de remplacer dans ces hautes fonctions les débris de l'ancienne diplomatie.

» Sire,

» Un homme dont l'injuste opinion publique n'a voulu voir, pour ainsi dire, que les faiblesses, un homme dont le génie a tant contribué à rapprocher la France de cet avenir pacifique, M. de Talleyrand, semble n'avoir prolongé sa merveilleuse vie que pour recevoir de Votre Majesté, comme un saint viatique, l'annonce d'une semblable politique; car par elle seule peut se réaliser une pensée qui doit être en ce moment la constante préoccupation et le dernier rêve de sa vie, l'union des cabinets des Tuileries, de Londres et de Vienne.

» Je renouvelle à V. M. la prière de considérer ce que je viens d'écrire comme un témoignage de ma reconnaissance, et des sentiments que m'inspire un prince qui revêt, pour prix de ses travaux et de son dévouement, l'injure et l'assassinat.

» Avec ces sentiments, et surtout avec la ferme conviction où je suis que Dieu appelle en ce moment V. M. à entraîner et diriger la France et le monde vers l'avenir de paix et de bonheur que je lui désire, je me dis en toute vérité, Sire, de Votre Majesté,

» Le très-dévoué, le très-sincère et le plus zélé serviteur. — P. ENFANTIN.

» Curson, 26 mars 1837. »

Cette lettre fut le premier acte du nouvel apostolat qu'Enfantin appelait *royal* et qui devait s'adresser directement aux *princes du monde.*

Mais à côté de ces préoccupations d'ordre général, le grand apôtre du saint-simonisme, le précurseur de la femme Messie, ne cessait pas de témoigner par ses actes et par ses écrits qu'il gardait religieusement le culte de la famille du sang, et le souvenir des amitiés personnelles; *homo sum*, semblait-il dire toujours. De sa retraite de Curson, il alla visiter Arthur et sa mère à Pougues (dans le Nivernais), Arlès à Lyon, Laurent à Bourg-Saint-Andéol, etc., etc. Sa correspondance avec Mlle Saint-Hilaire, Lambert, Duguet, Saint-Cyr

Nugues, était plus que jamais active et affectueuse.

Rentré à Curson, il écrivait à Vinçard, peu après un voyage que celui-ci avait fait dans le Nivernais :

« Je savais déjà par Arthur et sa mère à peu près tout ce que vous avez dit et fait à Pougues pendant ton petit pèlerinage de trois jours, excellent pasteur.

» Ton autre lettre, qui me parle de l'autre famille, m'a été bien douce, cher ami, je te crois bien pourtant un peu trop comme moi; sais-tu ce que cela veut dire? — Je suis, par état, le grand justificateur, le grand réhabilitateur, et il m'a fallu de nécessité, en face des mille réprobations et condamnations du monde, ouvrir mon cœur à deux battants à toutes les natures, presque avec réaction, deux battants pour les païens et un seul pour les chrétiens; toi, tu vas même plus loin, tu enlèves presque les battants pour tous, païens et chrétiens.

» Tu es bien le vrai pasteur! Potier disait dans *le Ci-devant jeune homme*, à son neveu, petit séducteur, en lui prenant le menton :

» *T'es ben l'neveu de ton oncle.*

» Moi je te dirai : *T'es ben l'fils de ton père!*

» Toutes les brebis de ton troupeau sont bonnes ou belles; les unes la laine, les autres la graisse, d'autres le lait, celles-ci leur petit, celles-là leurs cornes, que sais-je, il n'y a pas jusqu'aux petits agnelets qui ne promettent merveille.

» Pasteur, pasteur, je t'ai corrompu!

» Que veux-tu qu'on fasse avec une indulgence pareille? Tous vont croire être élus, et tu sais bien que l'Évangile a dit qu'il y en avait peu d'élus; il n'a pas même dit que tous fussent appelés, mais seulement *beaucoup*.

» Je sais bien que tu me répondras que ton troupeau n'est pas tout Paris, et que s'il y a une trentaine d'élus parmi tous les prolétaires de Paris, ce n'est pas là une merveille d'indulgence.

» Mais moi je te dis qu'au lieu de sauver ces trente que Dieu t'a confiés, tu vas les perdre comme je t'ai perdu.

» Tu les rendras bons pour tous!

» *Fi que c'est vilain!*

» Ne faut-il pas être mauvais pour les mauvais?

— Il y en a bien qui le pensent.

» Peut-être crois-tu qu'il n'y a pas de mauvais et que tous sont seulement imparfaits, c'est-à-dire bons et mauvais à la fois, et qu'ainsi on ne risque rien d'être bon pour ce qu'il y a de bon dans chacun, parce qu'il y en a toujours assez d'autres qui sont mauvais pour ce qu'il y a de mauvais?

» Et tu te figures que c'est là le métier de celui qui veut *améliorer*, à l'inverse de celui qui veut détériorer.

» C'est possible, mais gare à toi, tiens-toi bien, c'est un rude métier de vouloir améliorer; on est sans cesse entre des gens qui vous aiment presque trop et d'autres qui vous détestent; entre le chaud et le froid, et on y prend des douleurs.

» Vois moi, par exemple, tu me souffles dessus des bouffées chaudes d'un amour que tu réchauffes encore de toute l'ardeur des hommes qui t'entourent, et cela tandis que le monde est glacé pour moi. — Ce contraste est dangereux; qu'en faut-il conclure? — Qu'il faut vite que le monde se réchauffe, car je ne veux pas que vous vous refroidissiez; alors nous aurions une température douce où l'on n'attrape pas de rhumatismes.

» *En attendant*, comme dit M. Duvergier de Hauranne à la chambre, sais-tu ce que je fais? Je bêche et je ratisse comme un gaillard; les durillons sont arrivés, la main se fait : j'arrange ici un petit paradis terrestre auquel j'avais déjà vigoureusement travaillé autrefois; j'oublie ma tête tant que je peux pour ne m'occuper que de mes bras; je n'écris pas, je ne lis plus, et je ne songe que par hasard.

» Et la chanson qui me revient, monsieur, pourquoi ne me l'avez-vous pas envoyée? Je veux savoir ce que vous avez dit à votre retour, Puisque cela a été enlevé d'une manière flamboyante, je veux voir si l'on a bon goût dans la rue Mondétour.

» Adieu, ami, à ton brave camarade Ducatel une bonne poignée de main, et qu'il la transmette pour moi à tous mes anciens; toi, donne-la aussi pour moi à tous ceux que je n'ai pas connus et qui veulent m'aimer autant que leurs frères aînés.

» Adieu, homme corrompu, père gâteau, *t'es ben l'fils de ton père.* — P. ENFANTIN. »

Voilà bien l'apôtre, tantôt sublime et tantôt familier, qui parle toujours au prolétaire de France, comme au Roi, comme à l'illustre poëte de l'Allemagne, en religieux interprète du DIEU qui sent vivre et se développer dans son sein infini toutes les natures, sans réprobation absolue et irrévocable pour aucune, sans retrait ni déni, même aux plus imparfaites, du don de la perfectibilité!

Après ce badinage paternel avec Vinçard, avec le bon pasteur de Paris, badinage qui laissait apparaître sous l'ironie l'attaque la plus sérieuse et la plus vive contre certaines formules impitoyables de l'ancienne théologie, Enfantin reporte sa pensée vers le disciple bien-aimé qu'il a laissé en Égypte, il écrit à Lambert :

« Depuis ma dernière lettre du 5 avril, j'ai eu ici la visite d'Urbain, partant pour Alger comme secrétaire interprète de Bugeaud, accompagné de d'Eichthal qui allait à Montpellier prendre le soleil, et aussi les conseils de Lallemand. Urbain n'a fait que passer ; Gustave est resté trois jours, nous avons un peu recommencé ensemble nos vieilles habitudes ; tu sais que chaque contact avec lui est toujours accompagné de décharges électriques qui engourdissent les membres, tu sais aussi que j'ai pu toujours trouver et m'approprier ce qui était enveloppé sous la forme mystérieuse du prophète. Cette fois-ci, je cherche encore quel doit être le résultat de cette visite, je ne le connais pas encore. Il est très-préoccupé des Juifs et par conséquent de lui ; de moi comme père ou plutôt comme grand-père, de lui comme fils viril, d'Urbain comme petit-fils. Il ne veut plus que je fasse de théorie, de métaphysique, ce qui me va du reste assez bien, mais malgré cela il en a fait en masse pendant son séjour...

» Nous avons beaucoup causé de son voyage

d'Allemagne, mais là je ne sens pas non plus encore ce que doit être le résultat de ce voyage et de notre entretien à ce sujet.

» Depuis ma dernière lettre je n'ai plus entendu parler de l'affaire Fournel, et de Mme Petit et Chabannier.

» Duguet a fini, ou à peu près, son grand travail pour la liste civile, celui de *préparation*. Arlès doit s'occuper de l'*exécution*, mais quant à moi je n'ai manifesté encore aucune résolution à cet égard. J'attends d'une part que cette grande affaire soit à point, d'un autre côté je crois que le temps qui s'écoulera d'ici là est nécessaire pour donner à ma décision, quelle qu'elle soit, la forme sainte que je désire lui donner.

» Duguet maintenant s'occupe de lui et il était temps, car le pauvre garçon a bien besoin de poser son pied dans le monde ; il est maintenant le seul qui n'y ait pas fait sa rentrée, aussi est-ce plus difficile pour lui que pour d'autres ; cependant j'ai bon espoir.

» Ici je continue à jardiner avec assez d'ardeur, et je m'en trouve bien pour le corps et aussi pour l'esprit, par conséquent je crois bon ce travail pour l'état de mon CŒUR, dans ce moment où je ne peux que l'engourdir un peu, calmer ses orages, mettre du baume sur ses plaies et des émollients sur les parties enflammées. Ce traitement antiphlogistique m'était indispensable.

» Tu as sans doute vu *les Débats* qui avaient, le 7 de ce mois, un article de Michel, que l'accident terrible dont il avait manqué être victime s'est terminé heureusement et rapidement; je crois même que cet événement lui sera favorable, ainsi que le mot de Garnier-Pagès à la séance du 6 sur les saint-simoniens. — A propos de cette séance, tu vois comme la politique marche vers la recherche de la solution, et d'un autre côté, combien on est impuissant pour la donner. O. Barrot, Guizot, Thiers sont tous trois à côté, et pourtant ne voient rien du tout, mais ils amènent le monde bien près; en même temps le dégoût de tous les systèmes jusqu'ici employés ou prétendant à l'être, et la crainte ou l'antipathie qui repoussent les hommes capables d'appliquer ces systèmes sont arrivées à un point qui fractionne plus que jamais non-seulement les partis, mais chacun des membres qui les composent. Nous marchons vers l'époque analogue à celle du Directoire; la terreur est finie, comme dit Thiers, les dangers sont passés, et le besoin de fusion, de conciliation, de calme se fait; mais dans l'ignorance de ce qui *fond*, concilie et calme, nos directeurs vont faire du gâchis en tout genre, et surtout de la faiblesse, et malgré cela ils ont démonétisé la Montagne et la Gironde, et sont de la Plaine la plus plate et la plus vaste ; Fonfrède a tué Guizot comme *la Tribune* avait tué Lafayette ; mais le vrai Directoire sera je crois Thiers et O. Barrot, car je crois qu'avant peu nous passerons par cette alliance ; et ce sera vraiment alors la fin. M. Guizot a été beau comme un mourant, comme Robespierre à sa dernière séance ; seulement, au lieu de l'empêcher de parler, on lui a prêté une oreille attentive ; au lieu de rugir comme une hyène, il a fait un testament ; au lieu de dire à Dupin : Président des assassins ! il aurait pu dire à la Chambre : Eunuques, puisque vous m'applaudissez tous et que vous n'avez que la force d'applaudir, vous qui êtes l'élite de ma classe moyenne, mourons en chantant notre gloire, moi la vôtre avec ma bouche, vous la mienne avec vos mains.

» Mais si nous avons un Directoire un peu soigné dans quelque temps les débris de l'armée d'Égypte reviendront peut-être en France, et il y aura de quoi consoler ; qu'en pensez-vous, messieurs ? Je viens de voir (extrait de *la Gazette d'Augsbourg*) que c'étaient décidément des Anglais qui étaient chargés du chemin de fer de Suez, Serait-ce vrai ?

Ne vous laissez pourtant pas faire prisonniers à Alexandrie ; songez que cette fois-ci les Français, qui ont fait leur seconde expédition d'Égypte, ne doivent pas revenir *congédiés* par les Anglais, car ils n'auront pas ensuite à faire la guerre de Napoléon à l'Angleterre. Ils doivent s'*associer* là avec les Anglais, parce qu'ils s'associeront plus tard avec eux à Boulogne, au lieu d'y faire des chaloupes canonnières.

» La crise commerciale a beaucoup occupé et préoccupé Arlès. Mon vieux camarade Drut a été frappé par elle, malgré sa grande prudence. Lyon est encore assez ému de cette terrible situation, cependant je crois que cela va se calmer. Decaen est toujours dans une position mystérieuse à laquelle personne ne comprend rien, même ses commanditaires; il y a là un nuage impossible à percer. Il paraît que les affaires des chemins de Saint-Germain et de Versailles sont énormément lucratives pour E. Pereire et pour Flachat, et aussi pour MM. Rothschild et d'Eichthal. Fournel y est employé, mais je ne l'y crois pas intéressé. Il était, il y a quelques jours, à Fourchambeau, à une lieue de Pougues, c'est Adèle qui me l'a annoncé; Michel également n'a pas d'intérêt dans l'affaire. L'Allemagne marche vertement dans la voie de fer, ainsi que la Belgique ; et l'Angleterre est dans un gâchis bien semblable au nôtre, ce qui démontre encore qu'un avenir commun doit provoquer et exiger notre association avec elle.

» Duguet ne m'a donné, depuis quelque temps, aucune nouvelle de ces dames ni de Sophie, ce qui me prouve au moins que toutes vont bien.

» Je ne sais pas si votre nouveau consul général est le Cochelet célèbre par un fameux naufrage, ou bien son frère que j'ai connu en Russie (celui-ci était le plus jeune); si c'était ce dernier et que tu le visses, rappelle-moi à son souvenir et fais-lui mes amitiés; c'était un aimable et excellent homme, connaissance aussi de Lamé et de Clapeyron. L'aîné, que j'ai vu quelquefois, m'a paru plus raide, plus froid, mais passait pour un homme de mérite et de tête. Dans l'occasion aussi compliments et amitiés à M. Lesseps...

» Voilà Cadalvène, Verollot et Houdelette dans les paquebots méditerranéens; il est bon d'avoir des amis sur la grande route. Je crois que ces paquebots amèneront bientôt plus de Turcs en France que de Français en Turquie, et ce sera bien.

» Adieu, chers amis, voilà plus de six mois que

je vous ai quittés et je n'ai eu que bien rarement de vos nouvelles. J'ai pourtant besoin de savoir ce que vous faites et ce que vous pensez parce que je sais qui vous aimez. Je vous embrasse.

» P. ENFANTIN. »

La liste civile dont Enfantin parlait à Lambert ne resta pas à l'état de projet. Arlès et Holstein la réalisèrent, ils reprirent l'œuvre du diaconat saint-simonien. De tous les points où les *apôtres du nouveau christianisme* avaient établi des centres de propagation, il vint des adhésions qui furent immédiatement suivies d'effet. Voici la liste des souscripteurs, conservée dans la correspondance d'Holstein [1] avec Enfantin :

Anglès, de Reims.
Astrié, de Toulouse.
Bailleul.
Barrault.
Béranger, de Reims.
Bergeret.
Borrel.
Boutevile (les fr. de), à Rouen.
Brothier, à Toulouse.
Capella.
Mlle Casaubon, de Paris.
Caseaux père, à Bordeaux.
Cendrier, de Paris.
Chardon, de Mézières.
Chemin du Pontès.
Chevar.
Cornu.
Corrèze, comm., à Périgueux.
Cucurny.
Curie.

1. Holstein vient de mourir à Lyon, fidèle aux croyances qu'Enfantin, dont il avait été le plus ancien et le plus constant ami, lui avait enseignées. C'était d'ailleurs un homme d'intelligence et remarquable par la douceur de son caractère et l'affabilité de ses manières.

Deffremon (J.-B.).
Deffremon (Louis).
Deffremon.
Demerson.
Descoubet, d'Elbeuf.
Donnadieu.
Ducatel
Duguet.
Dupuis.
Euler, de Strasbourg.
Fontaine.
Fournier, d'Angers.
Gueit.
Guépin, de Nantes.
Hadot, de Paris.
Hanke.
Houdelette.
Jocquey.
Lade, de Sorèze.
Lambert, au Caire.
Laplanche, de Gannat.
Laurent, de Bourg-St-Andéol.
Lefranc, capitaine à Grenoble.
Lemonnier.
Menouillard.
Missel, de Rethel.
Moroche.
Moru.
Papigny, de La Flèche.
Praudier, de Besançon.
Potier, de Limoges.
Plichon.
Rességuier, de Sorèze.
Ribes, à Montpellier.
Verrolot, de Marseille.
Vinçard aîné.
Vinçard neveu.
Yvernès, de Rouen.

Ces noms représentaient la plupart l'offrande collective des membres d'une église. Vinçard, le bon pasteur des prolétaires parisiens, s'attristait lorsque, dans l'exercice de son diaconat, il rencontrait, quoique très-exceptionnellement, quelque hésitation ou refus. Les sommes reçues passaient dans les mains d'Holstein qui rendait compte à Enfantin de leur emploi. On peut juger de la nature de cet emploi par l'extrait suivant d'une de ses lettres :

« Envoyé à Lambert, les 500 fr. que tu lui destinais. La lettre d'envoi est partie sous le couvert de M. de Lesseps. Ce brave ami ne va donc pas tarder à recevoir cette somme. — Je porterai ce mois-ci encore 50 fr. à Mme X ; j'ai écrit à Arlès pour qu'il fît donner 50 fr. à N., si elle est encore à Lyon. — J'ai reçu par Rességuier les cotisations de Sorèze (170 fr.). Cet ami me charge de t'assurer de tous ses sentiments de reconnaissance et d'affection. Le Franc, de Grenoble (l'ancien ami de Lamoricière), m'a aussi envoyé sa cotisation (100 fr.). Ce brave capitaine a été bien malade à Alger, et il est revenu assez souffrant encore à Grenoble. Ces 170 fr. vont, suivant tes désirs, m'aider à rétablir en partie le compte des prolétaires.

» *P.-S.* J'apprends à l'instant que le docteur Bowring part pour l'Égypte, chargé d'une mission. Je lui donne un petit mot d'introduction auprès de Lambert. S'il entrait dans tes vues de voir Bowring avant son départ, comme il ne part que mardi de Paris, tu as le temps soit d'aller à Lyon, soit d'écrire à Arlès pour qu'il engage le voyageur à s'arrêter un instant à son passage à Tain. Je n'ai pas voulu prendre sur moi d'inviter le docteur à t'aller voir, mais sans aucun doute il verra Arlès à son passage à Lyon.

» Je viens de voir Mme Mathieu; elle t'a écrit hier en réponse à ta lettre du 28 où tu lui retraçais toutes les souffrances de ton voyage à la Chartreuse. N'aurais-tu donc pas encore une dent à faire arracher, pauvre Père? Cette bonne amie est souffrante aujourd'hui des nouvelles que tu lui as données. Tâche donc de te bien porter pour que tout le monde se porte bien. — HOLSTEIN. »

Le docteur Bowring, partant pour l'Égypte, en septembre 1837, se chargea en effet d'une lettre d'Enfantin pour Edhem-Bey. Trois mois après, Enfantin recevait de Malte la lettre suivante :

« Mon cher Père,

» C'est avec le plus grand plaisir que j'ai reçu votre affectueuse lettre confiée aux soins de M. le docteur Bowring. Malheureusement deux ou trois jours après l'arrivée de votre recommandé très-distingué au Caire, ayant dû m'embarquer pour faire un voyage en Europe, j'ai eu le déplaisir de ne pouvoir lui être d'aucune utilité. La cause de ce petit malheur étant liée cependant, ou plutôt étant la même qui doit produire un grand bien dans ma vie particulière, dans celle de ceux qui font le voyage avec moi, et pouvant profiter à tout le pays que nous servons, je n'ai pu m'arrêter là-dessus.

» Quoique M. Lambert ait dû déjà vous entretenir de ce voyage, je suis bien aise de pouvoir aujourd'hui vous en dire quelque chose moi-même.

» S. A. qui, dans ce moment, a plus particulièrement tourné la vigueur de son esprit réformateur et créateur vers l'agriculture et l'industrie, m'avait dernièrement chargé avec Sélim-Bey, général d'artillerie, de surveiller un devis sur la fabrication du coton par le moyen des machines à vapeur ; ce qui m'éloigne un peu de la fabrication des armes, pour porter mon attention sur les manufactures de coton. Là j'ai trouvé un champ vaste d'observations industrielles, et j'ai vu que nous sommes encore loin de cette perfection qui, tout en donnant au propriétaire un grand bénéfice, laisse aussi une récompense raisonnable à l'industriel qui aide la production par son travail.

» Devant presque tous les jours faire à S. A. le rapport des résultats de notre travail, les observations de part et d'autre ont amené S. A. à m'envoyer visiter les manufactures en Angleterre pendant l'espace de trois mois seulement.

» Ayant demandé à S. A. de prendre avec moi deux des chefs ouvriers des fabriques de coton, afin qu'ils puissent eux-mêmes (praticiens) profiter de ce qu'il y a à voir dans les manufactures anglaises, S. A. m'ordonna d'en prendre de dix à douze de métiers différents, et prolongea l'espace de mon séjour à un an.

» En conséquence de cet ordre, j'ai choisi dans différentes fabriques onze ouvriers déjà formés et parmi lesquels il y a des forgerons, des limeurs, des tourneurs, des fileurs de coton et de laine.

» Quoique avec peine, j'ai obtenu de S. A. d'emmener avec moi Abd-el-Rahman Rouchdy-Effendy (le directeur en second de l'école de Boulaq); cet officier, qui connaît l'anglais, le français, l'italien, le turc et l'arabe, et qui en outre a de l'intelligence, me sera très-utile dans mon voyage qui, comme je vous le dis, durera un an.

» J'ai tout espoir de passer par la France à mon retour et d'accomplir ainsi votre prédiction que nous devions nous revoir dans cette vie.

» Vous voyez, mon cher monsieur, que des voyageurs orientaux ne manquent pas depuis quelque temps de fréquenter l'Europe et d'acquérir ainsi les moyens de faire marcher à grands pas la civilisation orientale.

» Nous avons vu à Malte six jeunes élèves de l'école militaire de Constantinople qui vont à Vienne pour y faire des études.

» Restant avec l'espoir de pouvoir lors de mon retour passer par la France et venir jouir pendant quelques jours de votre aimable présence,

» Je suis votre très-dévoué, — EDHEM BEY. »

« Monsieur,

» S. E. le général a l'extrême bonté de me permettre d'unir à la sienne l'assurance de mon affection et de mon dévouement,

» Votre très-respectueux,

» ABD-EL-RAHMAN ROUCHDY. »

La correspondance d'Enfantin avec Edhem-Bey se continua pendant le séjour de ce dernier en Angleterre ; elle ne fut pas interrompue non plus avec l'Égypte : Lambert et Bruneau tenaient le *Père* au courant des incidents qui se produisaient dans l'administration de ce pays. L'ingénieur Linant écrivit à son tour ; il avait des doléances à exprimer sur les résolutions du pacha. « Voici, dit-il au Père Enfantin (15 septembre 1838), les travaux du barrage entièrement oubliés en Égypte. Son Altesse a renoncé à cet ouvrage avec autant de promptitude qu'elle l'avait entreprise, et sans plus réfléchir ni raisonner... » Après un exposé détaillé de ses griefs, M. Linant terminait ainsi :

« Je suis fâché d'avoir choisi ce moment pour vous écrire. Je suis ennuyé, triste et de mauvaise humeur ; mais j'espère que bientôt je reprendrai mon énergie ordinaire, et certainement le premier moment de satisfaction que j'aurai, j'en profiterai pour vous écrire sur un autre ton.

» Adieu, pensez à moi qui vous aime beaucoup et vous suis sincèrement attaché. Portez-vous bien, soyez heureux.

» Votre très-affectueux et dévoué, — LINANT. »

En Orient comme en Occident, partout où il avait pu faire sentir la puissance de ses qualités attrayantes, Enfantin recevait les mêmes témoignages d'affection et de dévouement. Avant de quitter l'Égypte, il avait écrit en France qu'il rentrerait par Marseille et qu'il se rendrait tout d'abord à Montpellier, où il eut soin de donner avis de sa résolution à son ancien disciple, le professeur Ribes. La réponse que cette communication provoqua témoigne à la fois de l'affection persévérante du disciple et de son intelligence de l'état général des esprits à l'égard du saint-simonisme dans les masses populaires du midi de la France.

« Père, disait Ribes, j'étais absent depuis deux mois de Montpellier, j'étais en tournée comme président des jurys de médecine. La vue de votre lettre que j'ai si bien reconnue a produit en moi une vive émotion. J'ai pressenti à l'instant votre prochain retour en France. Et c'est Montpellier que vous choisissez pour première résidence! Certes, c'est pour nous, pour moi surtout, un événement grave et de haute importance; mais il ne m'effraye pas, il me plaît au contraire... une seule chose m'afflige, c'est que vous ayez réellement besoin des secours des chirurgiens...

» Mais que de précautions vous avez à garder, Père, tant à l'égard de ceux qui vous aiment que de ceux pour qui votre présence pourrait devenir une occasion de lutte! J'ai appris à connaître ce peuple du Midi, celui de Montpellier et de Nîmes surtout. Croyez-moi, faisons en sorte qu'on ne sache qu'insensiblement que vous êtes parmi nous. Le peuple surtout doit en être instruit le plus tard possible... Donc, point d'habit étranger... Et ensuite il faut qu'on s'accoutume à dire que c'est M. Enfantin et non le Père qui est fixé à Montpellier. Point d'habit égyptien, car le peuple ne le distinguerait pas de l'habit saint-simonien, je vous certifie qu'il vous traiterait encore comme il a traité vos fils. Il est toujours protestant ou catholique, ce peuple; et lors même que nous aurons pris les précautions nécessaires, nous devons nous attendre aux tracasseries sourdes des prêtres, toujours maîtres du prolétaire qui est loin d'être aussi gentil que ce que nous avons espéré qu'il deviendrait.

» Reprenez, je vous en prie, l'habit du bourgeois, quelque disgracieux qu'il soit. Soyez pour les gens de Montpellier tel que je vous vois dans ce portrait dessiné par Grévedon. Vous étiez déjà bien beau comme cela. J'affirme même qu'ils finiront par vous aimer ainsi. Le Midi sera peut-être le milieu le plus favorable à la vie du Père, si le Père consent à redevenir Enfantin.

» J'irais à votre rencontre si je n'écoutais que mon désir; mais mon empressement aurait quelques inconvénients : je dois montrer peu d'enthousiasme et raisonner sur votre retour qui sera ébruité petit à petit.

» Je me garderai bien de parler de vous à Lallemand, avant de m'être entendu avec vous à ce sujet. C'est ici surtout qu'il faut montrer de la prudence.

» Si vous arrivez incognito, si les journaux de Marseille ou de Nîmes ne vous annoncent pas à son de trompe et ne signalent pas votre marche du côté de Montpellier, si pour vous et pour nous vous voulez bien prendre les précautions nécessaires, votre séjour dans le Midi aura des conséquences immenses pour tous. Père, je m'abandonne avec confiance à l'espèce d'émotion que j'ai ressentie à la nouvelle de votre retour.

» Maintenant, gardez-vous de prendre ces lignes pour une expression de crainte, d'hésitation, de tiédeur, vous vous tromperiez. Je vous aime, mais en homme de continuité, en homme d'intelligence.

J'ai fait preuve peut-être de quelque obstination. Venez, Père, je serais heureux de vous revoir, de vous sentir près de nous, ce sera pour moi comme une sorte de récompense de ce que j'ai pu faire de bien.

» Je désire que les personnes qui composaient ce que nous appelions la famille saint-simonienne vous constituent une rétribution matérielle qui ne soit pas trop indigne de vous. En attendant, Père, *vous pouvez compter sur la moitié de mon appointement*. Nous partagerons régulièrement ensemble tous les mois.

» Toujours à vous, Père, avec amour avec respect, — RIBES. »

Ribes fut en effet des plus empressés à souscrire pour la liste civile dont nous avons parlé. Pendant le séjour d'Enfantin à Curson, il ne cessa pas de correspondre avec lui et de le prendre pour le confident de ses pensées et le consolateur de ses peines. Il lui écrivait en mars 1839 :

« J'aurais bien besoin, Père, d'un docteur qui pût trouver un remède à la maladie de langueur qui me saisit. « La France est une nation qui s'ennuie, » a dit M. de Lamartine ; quant à moi, il est positif que je prends ma vie actuelle en dégoût. L'atmosphère de mon cabinet m'oppresse, je veux descendre dans la rue, mais à peine j'y mets le pied que j'y suis mal à l'aise et que je rentre forcément dans ma cellule.

» Que vous aviez raison quand vous m'annonciez combien serait difficile le passage de la vie théorique à la vie pratique; il y a quelques semaines j'espérais vous annoncer que je venais de le franchir, et que j'allais commencer une carrière nouvelle, point du tout : je suis retombé à plat sur le sol d'où j'avais fait un effort pour m'élever. Je ne voyais que deux issues à ma vie théorique, la chambre des députés et la clientèle médicale. La double opposition n'a pas eu lieu dans mon arrondissement; après les plus belles promesses du monde, je suis resté avec les voix de l'opposition libérale, nous sommes à une trop grande distance de la majorité des électeurs... »

Après quelque développement donné à cette remarque, Ribes ajoutait :

« J'étais au bout de ma course, mais encore au pied du Canigou, lorsque j'ai reconnu votre écriture sur une des lettres que l'on m'apportait. J'ai senti que le cœur me battait vivement et que je vous appartenais toujours : mon imagination mettait déjà dans cette lettre les plus heureux présages tracés de votre main de Père; je sens tellement depuis quelque temps le besoin d'un changement profond que je crois à chaque instant en recevoir la nouvelle. J'ai lu avidement votre lettre; elle semblait me presser de laisser là mon métier de commis voyageur en élections et de rentrer à Montpellier pour remplir la commission dont elle me chargeait. Mais je n'ai pas été satisfait quand j'y ai trouvé ces mots : Si j'en crois de vagues pressentiments, cela ne tardera pas encore de longues années.

» Mais des années c'est bien long, si vous les faites de douze mois; j'aurais le temps de me fossiliser d'ici là ou de périr d'ennui. Je crains bien en effet de ne pouvoir sortir de l'impasse où je suis et de finir d'une manière malheureuse (pour avoir quelque chose à faire), par le mariage et la clientèle.

» A Dieu, à Dieu, écrivez-moi, Père, j'en ai bien besoin. Vous êtes l'homme que j'affectionne le plus au monde : agité dans tous les sens, mon aimant me ramène toujours vers vous. Veuillez présenter mes hommages très-empressés à mesdames Saint-Cyr-Nugues; dites-leur je vous prie tout mon dévouement. Je saisirai toujours avec bonheur l'occasion que vous m'offrirez de vous être agréable. — Ribes. »

Vers cette même époque, Holstein écrivait au

maître dont il était le plus ancien et le plus intime ami :

« Père,

» Voilà déjà près de deux années que tu es de retour en France. Père, ne sortiras-tu pas encore de ta retraite? moi, je t'attends toujours, quoique tu n'aies pas répondu à mon invitation, tu serais bien là où je suis!

» A toi, Père, à toi, mon ami, je te serre la main et t'embrasse de tout mon cœur. — HOLSTEIN.

» *P.-S.* Tous ceux que je vois, tous ceux qui m'écrivent me chargent de te présenter l'expression de tout leur amour. »

Vinçard non plus ne laissait pas reposer sa plume pour épancher ses joies et ses douleurs de fils dans le sein du Père. Un jour que ses fonctions de diacre l'avaient exposé à quelque déception inattendue, il ne put contenir l'affliction dont son cœur était plein.

« Père, écrivit-il à Enfantin, je suis bien triste!... Tous vos fils prolétaires ne figurent pas sur ma liste.

» X...., mon vieux compagnon, n'a pas inscrit son nom à côté du mien....; je n'ai plus d'inspiration, je suis sans voix, je ne chante plus. Oh! je suis bien triste! et pourtant, chaque soirée du lundi, une quarantaine d'hommes et de femmes viennent à moi chercher la joie, la parole de vie, et je n'ai rien à donner ; je suis sans énergie, sans force, sans puissance.

» Et pourtant, encore, des hommes qui vous aiment m'écrivent des lettres pleines de foi et d'enthousiasme, et demandent à grands cris que je répande sur eux le baume de votre verbe inspirateur ; et pas un petit mot de vous depuis longtemps ! Oh ! je suis bien triste ! mais je vous aime toujours et suis tout à vous. — VINÇARD. »

Le bon pasteur souffrait à la fois de la tiédeur de quelques fidèles et du silence de son suprême inspirateur. Mais ses plaintes constataient néanmoins que la famille saint-simonienne de Paris avait toujours soif de la parole de vie et qu'elle se rendait assidûment aux réunions hebdomadaires. Quant au silence d'Enfantin, il provenait de causes accidentelles, des préoccupations du maître, alors proposé pour faire partie de la commission scientifique d'Afrique. Cette proposition ayant été accueillie favorablement, Enfantin quitta Curson et partit pour Alger dans les derniers jours de décembre 1839. Il avait rompu avec le vieux monde, en pleine voie industrielle et financière, il se réconciliait avec lui dans la voie scientifique, poursuivant toujours la même idée, l'amélioration morale, intellectuelle et matérielle de l'humanité.

L'abandon des signes externes, adoptés par un apostolat exceptionnel, ne changeait rien en effet au *Credo* saint-simonien, et les apôtres, en reprenant séparément leur place dans la société ancienne, gardaient intimement leur foi et leur place dans la famille nouvelle. A l'exemple d'Enfantin, qui était toujours pour eux LE PÈRE, sous son habit bourgeois comme sous son costume apostolique, chacun d'eux continuait, d'une manière plus ou moins sensible, l'enseignement doctrinal, dans la sphère particulière de sa vie pratique. Leur dispersion d'ailleurs n'était pas complète. Les membres du groupe parisien maintenaient leurs réunions périodiques et formaient un commencement d'église sous l'invocation du Père et l'impulsion de son fervent disciple, Vinçard. Malgré l'obscurité et le silence au sein desquels ce noyau de fidèles perpétuait la profession des croyances saint-simoniennes, après le bruit et l'éclat dont elles avaient été environnées à leur apparition, ces gardiens de la doctrine nouvelle se considéraient toujours comme l'avant-garde pacifique des esprits avancés et les dépositaires du sentiment religieux de l'avenir. Leur isolement n'altérait nullement leur foi. Il n'y avait alors que quinze ans à peine que Saint-Simon était mort, et il leur semblait qu'en ce peu de temps leurs idées avaient pénétré plus loin et plus haut que le christianisme n'avait pu le faire cent ans après la mort de son fondateur. S'ils n'avaient pas encore un clergé, des temples, des cérémonies, comparables à ceux des anciens cultes, ils se rappelaient que les premiers chrétiens s'étaient trouvés dans une position analogue vis-à-vis du monde païen, et qu'au IIIe siècle de l'Église, les apologistes de la foi nouvelle se glorifiaient encore de ne pouvoir être assimilés sur ce point aux idolâtres du polythéisme. « Ceux-ci, en effet, avait dit Origène, consacrent des temples et des statues à leurs dieux; tandis que nous rejetons, de notre culte, toutes ces choses comme étant plus convenables aux démons qu'ils honorent dans certains lieux de préférence à tous les autres, et qu'ils leur consacrent certaines demeures par des cérémonies et des enchantements magiques. Quant à nous, nous sommes remplis d'admiration pour Jésus qui nous a affranchis de toutes les choses qui tombent sous les sens..... Ce n'est que par la pureté de nos mœurs et par nos prières qu'il veut que nous honorions la Divinité » (Orig., *Contrà Celsum*, lib. III, n° 34).

Les croyants du nouveau christianisme, quoique privés de demeures consacrées, de hiérarchie sacerdotale et de rit solennel, se croyaient donc le droit de dire aux gardiens des vieux dogmes, comme Tertullien aux polythéistes endurcis : — « Nous ne sommes que d'hier, et déjà notre pensée a pénétré partout, nous avons envahi vos villes, vos châteaux, vos bourgades, vos camps, le palais, le sénat, le forum, nous ne vous laissons que vos temples [1]... nous faisons un seul corps, parce que nous avons la même religion, la même morale, les mêmes espérances. Nous nous assemblons pour prier Dieu en commun ; ceux qui président à nos assemblées sont des vieillards d'une foi éprouvée. S'il y a chez nous quelque espèce de trésor, il ne fait pas honte à la religion ; chacun y contribue comme il veut. Ce qui s'amasse ainsi est un dépôt sacré ; nous ne le dépenserons point en festins inutiles, mais il sert à l'entretien des orphelins, au soulagement des pauvres et de tous les malheureux. Il est étrange que cette charité soit pour quelques-uns un sujet de nous blâmer... Notre union les étonne, parce qu'ils se haïssent entre eux. Comme

1. Tertullien et Origène, ces deux flambeaux de la primitive Église, ne prévoyaient pas plus l'un que l'autre, dans leur modeste entourage, les pompes, les magnificences, les constructions grandioses, les immenses richesses réservées au culte et au sacerdoce catholiques.

nous n'avons tous qu'une âme et qu'un esprit, nous ne nous faisons pas de difficulté de nous communiquer nos biens ; il ne faut donc pas être surpris si une telle amitié produit des repas communs. Ces repas se nomment *agapes*, qui veut dire charité. Les pauvres comme les riches y sont admis ; tout s'y passe dans la modestie et l'honnêteté. Avant de se mettre à table, on fait la prière ; on s'y entretient, comme sachant que DIEU EST PRÉSENT. »

Les sceptiques railleurs, qui n'avaient cessé jusque-là de poursuivre de leurs sarcasmes les apôtres saint-simoniens, devaient naturellement prendre en pitié ces novateurs pour leur prétention persévérante à établir un rapprochement quelconque entre les commencements de l'ancien et ceux du nouveau christianisme. Ils se croyaient d'autant plus fondés dans leur persistance moqueuse que l'école saint-simonienne leur semblait en pleine dissolution, par suite de l'attitude que quelques-uns de ses adeptes, parmi les plus capables et les plus célèbres, avaient adoptée à l'égard du chef suprême. Il est certain que la propagation du saint-simonisme ne s'était pas maintenue, à tous les instants et dans tous ses organes, à la hauteur d'audace, d'enthousiasme et d'abnégation où Enfantin et Bazard l'avaient élevée en 1830, et qu'Enfantin lui avait conservée ensuite à Ménilmontant et en Égypte. Les plus fervents avaient à gémir sur les dissensions et aussi sur les froideurs et les défaillances doctrinales. En son jour de tristesse, le poëte prolétaire, déposant sa douleur dans le sein du maître, lui avait adressé une pièce de vers dans laquelle il s'accusait, au nom de tous, par ménagement pour quelques-uns, de l'infirmité religieuse que le christianisme appelle *respect humain*. Résumant sa pensée en peu de mots, il avait dit :

Tous, nous nous affublons d'un lâche incognito,
Tous esclaves soumis au jugement vulgaire,
Enfants, nous n'osons plus avouer NOTRE PÈRE !

Mais cette faiblesse, sans impliquer l'apostasie, apparut aussi au berceau du christianisme, et jusqu'en celui des disciples dont l'Église romaine a pu faire encore le premier vicaire du rédempteur des esclaves. Elle se fit remarquer ensuite, dans un grand nombre de fidèles, au temps des persécutions impériales, et toujours sans altérer le principe vital ni amoindrir les destinées de la foi chrétienne. Les contemporains de ces nombreuses défections, plus faciles à expliquer qu'à excuser, n'en comprirent pas le caractère et se méprirent tout à fait sur leurs conséquences. On trouve une preuve irrécusable de cette méprise, dans la fameuse lettre de Pline à Trajan, laquelle a fait dire à de Maistre que l'illustre proconsul, chargé de l'exécution des édits impériaux contre le christianisme, *n'avait pas la moindre idée de ce géant dont il ne voyait que l'enfance.*

Nous reproduisons ici cette lettre en entier, comme document précieux sur l'état de la société chrétienne cent ans après J.-C., et pour la faire servir à l'appréciation de l'état présent des esprits en matière de rénovation religieuse, et particulièrement à l'appréciation des prétentions saint-simoniennes :

Pline à l'empereur Trajan.

« Je me suis fait un devoir, seigneur, de vous consulter sur tous mes doutes; car qui peut mieux que vous me guider dans mes incertitudes ou éclairer mon ignorance? Je n'ai jamais assisté aux informations contre les chrétiens, aussi j'ignore à quoi et selon quelle mesure s'applique ou la peine ou l'information. Je n'ai pas su décider s'il faut tenir compte de l'âge, ou confondre dans le même châtiment l'enfant et l'homme fait; s'il faut pardonner au repentir, ou si celui qui a été une fois chrétien ne doit pas trouver de sauve garde à cesser de l'être; si c'est le nom seul, fût-il pur de crime, ou les crimes attachés au nom que l'onpunit.

» Voici la règle que j'ai suivie à l'égard de ceux que l'on a déférés à mon tribunal comme chrétiens. Je leur ai demandé s'ils étaient chrétiens. Ceux qui l'ont avoué, je leur ai fait la même demande une seconde et une troisième fois, et les ai menacés du supplice. Quand ils ont persisté, je les y ai envoyés. Car de quelque nature que fût l'aveu qu'ils faisaient, j'ai pensé qu'on devait punir au moins leur opiniâtreté et leur inflexible obstination. J'en ai réservé d'autres, entêtés de la même folie, pour les envoyer à Rome ; car ils sont citoyens romains. Bientôt après, les accusations se multipliant, selon l'usage, par l'attention qu'on leur donnait, le délit se présenta sous un plus grand nombre de formes. On publia un écrit sans nom d'auteur, où l'on dénonçait nombre de personnes qui nient être ou avoir été attachées au christianisme. Elles ont, en ma présence, et dans les termes que je leur prescrivais, invoqué les dieux, et offert de l'encens et du vin à votre image, que j'avais fait apporter exprès avec les statues de nos divinités ; elles ont même prononcé des imprécations contre le Christ : c'est à quoi, dit-on, l'on ne peut jamais forcer ceux qui sont véritablement chrétiens. J'ai donc cru qu'il fallait les absoudre.

» D'autres, déférés par un dénonciateur, ont d'abord reconnu qu'ils étaient chrétiens, et se sont rétractés aussitôt, déclarant que véritablement ils l'avaient été, mais qu'ils ont cessé de l'être, les uns depuis plus de trois ans, les autres depuis un plus grand nombre d'années, quelques-uns depuis plus de vingt ans. Tous ont adoré votre image et les statues des dieux. Tous ont chargé le Christ de malédictions.

» Au reste, ils assuraient que leur faute ou leur erreur n'avait jamais consisté qu'en ceci : ils s'assemblaient à jour marqué avant le lever du soleil ; ils chantaient tour à tour des vers à la louange du Christ, comme d'un dieu ; ils s'engageaient par serment, non à quelque crime, mais à ne point commettre de vol, de brigandage, d'adultère, à ne point manquer à leur promesse, à ne point nier un dépôt : après cela, ils avaient coutume de se séparer, et se rassemblaient de nouveau pour manger des mets communs et innocents. Depuis mon édit, ajoutaient-ils, par lequel, suivant vos ordres, j'avais défendu les associations, ils avaient renoncé à toutes ces pratiques. J'ai jugé nécessaire, pour découvrir la vérité, de soumettre à la torture deux femmes esclaves qu'on disait initiées à leur culte : mais je n'ai rien trouvé qu'une superstition ridicule et excessive. J'ai donc suspendu l'information pour recourir à vos lumières : l'affaire m'a paru digne de réflexion, surtout par le nombre des personnes que menace le même danger.

» Une multitude de gens de tout âge, de tout ordre, de tout sexe sont et seront chaque jour impliqués dans cette accusation. Ce mal contagieux n'a pas seulement infecté les villes, il a gagné les villages et les campagnes. Je crois pourtant que l'on y peut remédier et qu'il peut être arrêté. Ce qu'il y a de certain, c'est que les temples qui étaient presque déserts sont fréquentés, et que les sacrifices, longtemps négligés, recommencent. On vend partout des victimes qui trouvaient auparavant peu d'acheteurs. De là on peut juger combien de gens peuvent être ramenés de leur égarement, si l'on fait grâce au repentir (PLINE, *épit.* XCVII). »

Ce bulletin des conquêtes spirituelles et des pertes morales du christianisme naissant, mises en regard d'un retour d'affluence dans les temples et les sacrifices païens ; ce bulletin dressé par un des écrivains les plus éminents du IIe siècle, par un païen philosophe qui espérait étouffer aisément l'idée inoffensive dont il constatait la rapide propagation ; ce bulletin présentait des analogies que les saint-simoniens, dans leurs agapes, et malgré la dispersion de leurs chefs et quelques mécomptes accidentels, trouvaient encourageantes. Ces chefs dispersés gardaient d'ailleurs l'intégrité de leur foi et la plupart continuaient de la répandre individuellement, le CHEF SUPRÊME entre autres.

Enfantin était arrivé à Alger à la fin de décembre. A peine installé, il écrivit en Égypte à Lambert :

« Alger, 1er janvier 1840.

» Je ne sais ce que fera notre commission, mais il est dans les choses possibles qu'elle pousse un jour ses prétentions jusqu'à être commission d'Afrique et non de l'Algérie seulement. Il est également possible qu'elle fonde à Alger un siége permanent qui ait besoin d'avoir correspondance avec l'Égypte, et qu'elle provoque même chez vous une résurrection de l'institut d'Égypte qui est certainement en germe chez vous, puisque Lambert, Bruneau et Peyron sont aux écoles et qu'Edhem-Bey en est le chef. Il faudrait donc que j'aie de vous une lettre qui, répondant à cette pensée (sans toutefois indiquer que c'est une réponse) me donne des rensignements sur ces diverses possibilités ; renseignements que je puisse communiquer textuellement à Bory et à d'autres. Voici donc les trois points : 1° Commission d'Afrique en fait et non en nom ; 2° siége permanent à Alger ; siége correspondant au Caire, ou en d'autres termes Institut d'Égypte ressuscité, fraternisant avec l'institut d'Alger. Alger et le Caire sont les deux points par lesquels les premiers grands efforts de civilisation sont tentés, pendant le XIXe siècle, pour le nord et l'est de l'Afrique. Le Cap et le Sénégal auront leur tour. »

L'institut ancien d'Égypte n'a fait qu'une partie de la tâche, il a ôté les bandelettes de la momie égytienne ; il n'a presque fait que du passé, et encore du passé purement égyptien ; l'institut nouveau devra avoir en vue surtout l'avenir et particulièrement l'Afrique intérieure. Mais il n'est pas besoin de rêver si loin, le fait de ma présence ici dans la commission d'Algérie et de votre présence en Égypte à la tête des écoles, n'a pas besoin de commentaires, il est parlant, et je suis sûr que vous et Edhem-Bey le comprendrez. Il y a un lien autre que cette lettre à établir ; songez-y vite, causez-en avec Lambert, Bruneau et Peyron, parlez-en à Edhem bey et écrivez-moi. Dites s'il vous faut une provocation, comment vous croyez qu'elle doit être faite. Il nous faudra du temps pour tout cela, c'est une raison pour n'en pas perdre. Que la réponse à cette lettre soit une lettre officielle de services, d'affaires, montrable, quitte à mettre dedans une lettre particulière. Vous avez, je crois, l'avantage de n'avoir dans les sciences en Égypte que des Français et des Égyptiens, ce qui rend beaucoup de choses faisables. Les Anglais n'y seront pour rien.

« Adieu, chers amis, à l'œuvre! Je vous l'ai dit dans ma dernière lettre, voilà le moment. — Commençons bien 1840. Je vous embrasse tous.

» P. Enfantin. »

Le lendemain il écrivit en France au général Saint-Cyr-Nugues, dont l'intervention avait puissamment contribué à le faire entrer dans la commission scientifique d'Afrique :

« Quoique ce soit peut-être prévoir les choses d'un peu loin, je désirerais ton conseil sur l'idée suivante : parler de Lambert, Bruneau, Peyron, Edhem-Bey, Linant, Clot, Caviglia, Cochelet, serait-il utile? Provoquer en Égypte, non l'envoi de France d'une commission, mais la création nationale égyptienne d'un institut, mélange d'Arabes et d'Européens attachés au service du pacha, espèce de résurrection du grand institut d'Égypte, qui plus tard serait en rapport avec la commission d'Alger, et permettrait de combiner et compléter des travaux plus généraux sur l'Afrique?

» Le roi a aidé cette année le retour en Abyssinie

de Combes, qui était venu avec moi en 1833. Le voyage aux sources du Nil a été projeté dix fois, les fonds tout prêts, et on n'a pas pu l'exécuter; Lambert a fait le voyage des mines d'or avec le pacha et en a envoyé un mémoire en France au directeur des mines et à l'Académie; mais l'expédition manquait d'éléments scientifiques et n'avait presque que le caractère du spéculateur qui cherche l'Eldorado; les intrépides voyageurs qui ont voulu explorer l'intérieur de l'Afrique ont pris par Maroc, le Sénégal ou le Cap; mais les explorations par la rive gauche du Nil ont été rares, quoique des caravanes de *musulmans* arrivent chaque année par là pour aller par la ville sainte du Caire à la Mecque. Sans doute, l'état actuel de l'Algérie ne fait pas espérer qu'un Français puisse prochainement aller de Constantine au Caire, mais c'est pourtant un voyage que font actuellement des *musulmans*. Or l'Égypte est le seul pays où des *musulmans* aient un peu repris le goût de la science; et j'ai la ferme conviction que non-seulement pour la science, mais pour la politique et tous les moyens de civilisation en Afrique, nos relations, notre amitié avec l'Égypte, nous serviront plus un jour que les canons ne nous servent aujourd'hui. En d'autres termes plus clairs peut-être, je crois qu l 'impuissance où la commission d'Algérie est, et pourra être encore longtemps, de pouvoir faire autre chose que de toucher des appointements, est un motif pour voir si d'autres que nous ne seraient pas en mesure de faire bientôt, en fait de sciences et pour l'Afrique, beaucoup plus et beaucoup mieux que nous.

» Et maintenant s'il est utile de provoquer en Égypte la fondation d'un institut scientifique qui soit naturellement lié à la commission d'Algérie, crois-tu que je ferais bien de rédiger une note sur ce point, que tu communiquerais à qui de droit, c'est-à-dire aux hommes qui peuvent en France aider à la réalisation de cette idée ; MM. Jaubert, Jomard, le ministre de l'instruction publique, celui des affaires étrangères, mais par-dessus tous au ROI, à qui tous les travaux d'exploration scientifique sont familiers et sont chers. D'un autre côté, je pousserais la chose, par ma correspondance avec l'Égypte, j'en ai déjà parlé et je suis sûr que le moindre signe d'un pareil désir de la part de la France serait suffisant, et que Mehemet-Ali s'empresserait de donner ce pendant à la charte du Sultan. — P. ENFANTIN. »

La note annoncée dans cette lettre fut aussitôt rédigée et adressée au général Saint-Cyr, elle était ainsi conçue :

« En Afrique, les tentatives d'exploration scientifique ont été jusqu'ici tellement infructueuses ou si funestes aux explorateurs, qu'il serait utile d'apprécier la cause de cet insuccès ou de ces malheurs si souvent répétés, enfin de chercher le moyen de les éviter pour l'avenir.

» Tant que les *musulmans* ne voudront et ne sauront pas explorer l'Afrique, elle sera inabordable aux Européens et inconnue à la science. Or l'Égyte est la seule contrée d'Afrique où des *musulmans* aient un peu repris goût à la science, et d'ailleurs chaque année l'immense terre d'Afrique est traversée de l'ouest à l'est par des caravanes nombreuses, qui par des motifs purement religieux ou commerciaux et nullement scientifiques, se dirigent par le Caire vers la Mecque.

» D'un autre côté, l'Égypte doit la plus grande partie des progrès scientifiques et industriels qu'elle a accomplis depuis le commencement de ce siècle, à la France; elle lui doit ses officiers qui ont fondé sa puissance militaire, créé son armée et construit sa flotte, comme elle lui doit son coton et ses écoles; enfin c'est la France qui a élevé des enfants d'Égypte, jusqu'au point d'en faire aujourd'hui des professeurs dans toutes les écoles que dirigent actuellement encore des Français; ainsi dans l'école de médecine fondée par Clot-Bey et dirigée par le docteur Peyron, dans les écoles polytechniques d'artillerie et de cavalerie dirigées par MM. Lambert, l'ingénieur des mines, Bruneau, capitaine d'état-major, et Marin-Bey, ancien chef d'escadron, l'enseignement est fait en partie par des Français et en partie par des Égyptiens presque tous élevés en France.

» Alger et le Caire sont évidemment les deux points par lesquels l'Europe tente et tentera, pendant le XIXe siècle, de grands efforts de civilisation sur l'Afrique. Le gouvernement français a envoyé une commission scientifique en Algérie qui nécessite pour ainsi dire une création correspondante en Égypte, car un échange de travaux entre les deux points devra nécessairement un jour présenter de grands avantages.

» Il manque, en effet, en Égypte une institution qui constate ses progrès dans la science européenne, qui puisse les continuer, et régulariser les emprunts qu'elle a encore à lui faire.

» Il est pressant de faire, en quelque sorte, éclore le germe scientifique déposé par le grand institut d'Égypte de Napoléon, et les Égyptiens, aidés comme ils le sont en ce moment du concours des Français éclairés qui sont au service de Méhémet-Ali, sont assez avancés pour jeter dès à présent les bases d'une institution scientifique, qui offrirait bientôt de puissants secours aux nombreux explorateurs qui parcourent chaque année les inépuisables rives du Nil, et plus tard, soit par elle-même soit par son concours, elle rendrait facile, pour l'intérieur de l'Afrique, des travaux aujourd'hui impossibles.

» Si le désir de la fondation d'un pareil institut était manifesté par la France, Méhémet-Ali ne pourrait y voir qu'un moyen de plus de justifier aux yeux de l'Europe ses légitimes prétentions au titre de régénérateur de l'Égypte, et un droit de la gouverner. Quelle que soit la place que le pacha assigne ensuite aux Européens dans une pareille institution, leur influence y est inévitable, et y sera même toujours assez grande. Ce sont des Turcs et des Arabes, des *musulmans*, qu'il faut intéresser à cette fondation, c'est à eux qu'il faut faire aimer les distinctions et les honneurs accordés à la science.

» Le ministre de l'instruction publique, le général Edem-Bey, qui a traduit la géométrie de Legendre et un ouvrage de statique, qui dernièrement encore visitait fructueusement l'Angleterre et la France, et qui a fondé et dirigé longtemps les arsenaux et les principales manufactures du pacha, comprendrait certainement toute l'importance de cette institution, il contribuerait puissamment à lui imprimer un caractère et une direction convenables, et il trouverait de grands secours dans des hommes tels que MM. Artyn-Bey, Arkelkin-Bey, Mashar-Effendi, Moustapha-Effendi, Cheisk-Ricfa, etc., tous sortis des écoles d'Europe.

» Toutefois il serait désirable que l'académie des sciences de France et celle des inscriptions encourageassent cette fondation, et que l'école des mines et le jardin des plantes fissent des offres d'échange et même des envois préalables, et enfin que la commission scientifique d'Algérie reçut l'ordre de se mettre officiellement en rapport avec l'institut du Caire, afin de lui donner une importance immédiate, et d'empêcher par des relations et une excitation de travail continuelles, que cette belle création n'avortât comme tant de projets commencés en Orient. — P. Enfantin. »

FIN DU DIXIÈME VOLUME

Imp. L. Toinon et Cie, Saint-Germain.

Imp. L. Toinon et Cie, à Saint-Germain.

www.ingramcontent.com/pod-product-compliance
Ingram Content Group UK Ltd.
Pitfield, Milton Keynes, MK11 3LW, UK
UKHW020209250726
13967UKWH00003B/1367